编著
王仕佐
黄珍
李小毛

贵州省非物质文化遗产田野调查丛书

遵义市卷

丛书由知识产权出版社出版基金资助出版

本卷获得贵州省教育厅人文社科基地项目资助
——贵州省高等学校人文社会科学研究基地
贵州大学人口·社会·法制研究中心

贵州省文化厅／贵州省非物质文化遗产保护中心

主编
徐静
杨军昌

知识产权出版社
全国百佳图书出版单位

图书在版编目(CIP)数据

贵州省非物质文化遗产田野调查丛书. 遵义市卷/徐静，杨军昌主编；王仕佐，黄珍，李小毛编著. — 北京：知识产权出版社，2018.9
ISBN 978-7-5130-5763-9

Ⅰ.①贵… Ⅱ.①徐… ②杨… ③王… ④黄… ⑤李… Ⅲ.①非物质文化遗产—介绍—遵义 Ⅳ.①G127.73

中国版本图书馆 CIP 数据核字（2018）第 187344 号

内容摘要

遵义市经济发达，人文汇翠：有以茅台为代表的酒文化、以湄潭为代表的茶文化、以道真为代表的傩文化、以赤水河流域为代表的红色文化、以新舟沙滩为代表的"沙滩文化"，以及以海龙屯为代表的历史文化等，蕴藏在这些文化之中的非物质文化遗产项目众多，内涵丰富。本书在田野调查基础上，较为全面地对全市省级以上非遗项目从起源、成因、演进、影响及变易等进行了全面介绍，并对地区项目申报、内容遴选、文字整理及传承保护等提出了建设性意见。

责任编辑：王　辉　　　　　　　责任印制：孙婷婷

贵州省非物质文化遗产田野调查丛书

徐静　杨军昌　主编

遵义市卷
ZUNYI SHI JUAN

王仕佐　黄珍　李小毛　编著

出版发行：知识产权出版社有限责任公司		网　址：http://www.ipph.cn		
电　话：010-82004826		http://www.laichushu.com		
社　址：北京市海淀区气象路 50 号院		邮　编：100081		
责编电话：010-82000860 转 8381		责编邮箱：wanghui@cnipr.com		
发行电话：010-82000860 转 8101		发行传真：010-82000893		
印　刷：北京建宏印刷有限公司		经　销：新华书店及相关销售网点		
开　本：720 mm×1000 mm　1/16		印　张：12.25		
版　次：2018 年 9 月第 1 版		印　次：2018 年 9 月第 1 次印刷		
字　数：230 千字		定　价：56.00 元		
ISBN 978-7-5130-5763-9				

出版权专有　侵权必究
如有印装质量问题，本社负责调换。

《贵州省非物质文化遗产田野调查丛书》
编委会和编辑部人员名单

编委会主任：慕德贵

副主任：何　力

编　委：徐　静　黎盛翔　赵廷昌　杨　未　杨军昌
　　　　丁凤鸣　龙佑铭

主　编：徐　静　杨军昌

副主编：黎盛翔　徐则平　王世佐

编委会下设编辑部

主　任：丁凤鸣

副主任：张诗莲　龙佑铭

成　员：申茂平　张应华　李小毛　周　梅　吕燕平
　　　　谢　芝　毕　琪　陆勇昌　李　岚　王炳忠
　　　　黄克亚　王砂砂　王先凯　张　彬　刘　颖
　　　　周友武　刘　莹　邓　敏　郑远文　陈　波
　　　　粟周榕　黄家富　卢延庆　沈起安　宋　耀

传承非遗　助力脱贫

——贵州省非物质文化遗产田野调查丛书

序

　　党的十九大报告中指出：文化是一个国家、一个民族的灵魂，文化兴国运兴、文化强民族强。没有高度的文化自信，没有文化的繁荣兴盛，就没有中华民族的伟大复兴。2017年1月，中共中央办公厅、国务院办公厅印发了《关于实施中华优秀传统文化传承发展工程的意见》，明确提出要保护传承文化遗产，实施非物质文化遗产传承发展工程。贵州是非物质文化遗产资源大省，更是脱贫攻坚主战场，如何保护好、传承好非物质文化遗产，利用好、发挥好非物质文化遗产在脱贫攻坚中的积极作用，一直是我们在理论和实践层面思考的重要课题，而《贵州省非物质文化遗产田野调查丛书》就是这一课题研究的重要成果之一。

　　非物质文化遗产是文化遗产的重要组成部分。非物质文化遗产是人类创造力、想象力、智慧和劳动的结晶，是人类文化多样性的生动展示，也是一个国家、一个民族兴旺发达的文明标志与精神支柱。早在2003年10月联合国教科文组织发布《保护非物质文化遗产公约》起，世界范围内的非物质文化遗产调查、整理、传承、保护、利用等工作得以迅速展开。我国也随即在2005年3月26日出台了《关于加强我国非物质文化遗产保护工作的意见》。相继全国各地按照《国家级非物质文化遗产保护名录》的类别划分，在民间文学、传统音乐、传统舞蹈、传统戏剧、曲艺、传统体育、游艺与杂技、传统美术、传统技艺、传统医药、民俗10个大类上，开展了一系列非物质文化遗产保护工作。

　　贵州是非物质文化遗产资源的富矿区，各民族在历史发展的长河中，创造了多姿多彩、独具特色的多元民族非物质文化遗产。截至2018年5月，列入人类非物质文化遗产代表作名录2项，国家级名录85项140处，省级名录561项708处，市、州级名录1134项，县级名录4000多项。国家级文化生态保护实验区1项，省级3项；国家级非物质文化遗产生产性保护示范基地3处，省级59处；国家级非物质文化遗产代表性传承人96人，省级402人。这些非物质文化遗产内容丰富，各具特色，是贵州各民族发展历史的真实写照，是各民族传统文化的重要载体，更是中华民族文化遗产的重要组成部分，充分体现了贵州省各民族人民的聪明才智和生存智慧，蕴含着丰富的历史价值、艺术价值、科学价值、文化价值等。保护和利用好非物质文化遗产，有利于继承和发扬民族优秀文化传统和民族精神，传递贵州文化声音，展示贵州文化风貌。如果以此为资源、资本，在生产性保护的基础上，发展文化特色产业，还可以增强乡村旅游魅力，拓宽农民脱贫致富路子，增强可持续发展能力。近年来，贵州省及时出台了《贵州省非物质文化遗产保护发展规划》等指导性文件，开展了非遗传承脱贫"十""百""千""万"培训工程，建成了国家级民族文化生态保护实验区1个，省级民族文化生态保护区2个；国家级非遗生产性保护示范基地3个，省级非遗生产性保护示范基地28个，带动了数万贫困户脱贫致富奔小康。

  为了更好地保护和传承贵州省非物质文化遗产，使非物质文化遗产传承脱贫工程更有基础、更有素材、更有针对性，在中共贵州省委宣传部的指导下，在贵州大学、贵州省文化厅的支持下，贵州大学人口·社会·法制研究中心与贵州省非物质文化遗产保护中心共同实施了知识产权出版社出版资助项目、贵州省教育厅人文社科研究基地项目《贵州省非物质文化遗产田野调查丛书》，在各州市有关部门及广大非遗工作者的积极参与下，经过各卷调查与撰写专家、学者多年来的艰辛努力，终于圆满完成了项目任务并付梓出版。这是贵州省非物质文化遗产资源第一次系统而详细的收集、整理与集中展示，是外界了解贵州省悠久历史和多姿多彩民族文化的重要窗口，是贵州学者助推文化精准扶贫的辛勤耕耘的成果，必将在增强文化自觉、坚定文化自信、助推脱贫攻坚方面产生积极的现实意义。

  是为序！

2018年5月

概　述

　　非物质文化遗产是各族人民世代相承、与群众生活密切相关的各种传统文化表现形式和文化空间。非物质文化遗产既是历史发展的见证，又是珍贵的、具有重要价值的文化资源。我国是一个历史悠久的文明古国，不仅有大量的物质文化遗产，而且有丰富的非物质文化遗产。我国各族人民在长期生产生活实践中创造的丰富多彩的非物质文化遗产，是中华民族智慧与文明的结晶，是联结民族情感的纽带和维系国家统一的基础。保护和利用好我国非物质文化遗产，对落实科学发展观，实现经济社会的全面、协调、可持续发展及实现中国梦都具有重要意义。非物质文化遗产的普查，是国家在21世纪初进行的一次大规模的文化普查，是掌握全国及各地区非物质文化遗产蕴藏状况和了解民情民心的重要手段。普查所得的资料和数据，作为全面分析国情的重要资料之一，是国家或地区主管机构制定文化政策乃至制定国策的重要依据。非物质文化遗产普查又是对非物质文化遗产进行有效的保护，对濒危的非物质文化遗产进行抢救的基础。因此，根据国务院统一部署，对全国各地区的非物质文化遗产所进行的普查，无论对非物质文化遗产的继承和发展，还是对国情的调查，都具有重要意义。

　　遵义市是多元地域文化汇集的独特地区，非物质文化遗产项目众多。本次调查力求把握住黔北地区与少数民族地区在地域文化特色所体现的异同，在此基础上掌握各个项目的基本状况。为了得到地方管理者的认可和支持，以便获得管理者所掌握的相关资料，本次调查进入田野的方式选择了与各县的文广局合作，采取文献、观察和访谈的方法，先后对文广局负责非物质文化遗产保护的相关领导、各乡镇文化站的负责人及项目传承人进行了访谈，并考察了各项目生存的生态环境。经过这次调查，可以看到，许多非物质文化遗产的保护存在着亟待解决的问题，其传承状况令人担忧。

非物质文化遗产作为历史的遗存,其受众是广泛的民众,生存空间也依赖于民众的生活需要。然而,随着社会经济的发展,只有少数具有生产、生活及民众娱乐性质的项目,还存在着一定的受众,传承保护状况较好,如油茶制作技艺、绥阳空心面制作技艺及余庆的龙灯和花灯戏等。大部分项目处于自生自灭的境地。在调查中,我们不仅深切感受到了非物质文化遗产的魅力,更感受到了其生存发展的艰难。

1. 时间性强,使得非物质文化遗产的展现多以表演为主

一些非物质文化遗产项目具有严格的时间限制,很难一睹真容,因此我们在调查中也只能通过一些文字资料和影像资料的记录以及相关人员的介绍,从中窥探一二。茅坪花苗婚俗就是如此。据当地人介绍,花苗婚俗内容众多,历时几天,如果幸运碰上花苗青年结婚,热情的他们会邀你参加婚礼。我们调查时没有碰上婚礼,只得借助于之前的婚礼录像了解,亦为一憾事。同样,在调查傩戏时,因没有傩戏的正式展演,只能从传承人的舞台化表演中感受其魅力。

2. 现代社会生活冲击着非物质文化遗产生存的生态环境

非物质文化遗产传承保护的方式以口传心授为主,注重活态传承。由于受打工潮的影响,农村的很多青年外出务工,剩余的多为空巢老人和留守儿童,致使一些项目的传承后继无人。同时,面对现代社会生活理念的进入,传统的文化形式不堪一击。加之一些非物质文化遗产已丧失最初的实用价值,其传承人也放弃了这一遗产,遑论发展。以黔北打闹歌和矮人舞为例,二者都是农耕文化的产物,其初衷也是出于人们劳动和娱乐的需要。由于现代农业生产方式的转变,二者都已失去了生存的文化土壤。原本活跃在田间地头的打闹歌和矮人舞,现在只能在舞台上一展遗韵。流传于务川的宝王祭拜和皮纸制作亦是如此。由于生产结构的调整和现代工艺的冲击,仡佬族宝王祭拜和皮纸制作赖以生存的空间日益缩小,面临逐渐消亡的危机。

3. 相关部门重视力度不够,民众保护意识淡薄

据调查,有关政府部门只是在贯彻执行上级领导部门的要求,在非物质文化遗产项目申报时了解一下当地的非物质文化遗产概况,申报工作结束后忽视了对广大民众的宣传教育,传承保护工作多停留在文化行政部门层面,使得真正的载体并

未真正了解非物质文化遗产的价值所在。据一些文化站工作人员透露,领导不重视文化工作,办公室有名无实。文化站本来人员就少,平时还经常被安排去抓烤烟的工作。

4.人员不足,资金匮乏,且管理不到位

据有关部门提供的资料显示,政府对该地非物质文化遗产的资金投入有着充足的预算,但实际并非如此,只不过是在申报工作时的一个仪式。真正从事非物质文化遗产保护的工作人员极少,有时还需要从其他部门借调人员。一些老艺人迫于家庭经济原因和身体状况,虽有心致力于非物质文化遗产的传承,但心有余而力不足。按规定,各级的非物质文化遗产项目传承人都有一定的传承资助资金,但限于财政苦难,一些资金并未到位。此外,相关部门对传承人的民间传承活动缺乏扶持,多数是在当地组织的文艺会演中才安排传承人参加,大都属于门面似的宣传。

5.非物质文化遗产项目传承人能力有限,创新意识不足

非物质文化遗产是随时代不断丰富创新而传承至今的宝贵遗存,其传承发展不应固守于某个时期。现如今的传承人大多是师徒传承而来,固守于自己的师徒门派,要使传统的艺术技艺得到青年一代的喜爱,必须了解现代青年的兴趣所在,把传统的艺术形式和现代的创新思维相结合,使非物质文化遗产显现出新的生机活力。

非物质文化遗产是产生于农耕社会的文化形态,在进入现代社会之后,它们赖以生存的农耕社会环境、自然环境都发生了很大变化,特别是随着广播、电视、互联网的普及,全民信息化水平得以提高,许多非物质文化遗产在现代社会中失去了受众基础,面临着被遗忘和逐渐消失的威胁。如今非物质文化遗产的传承和保护已被纳入官方的语境,尽管一些学者认为非物质文化遗产的传承属于民间话语,过多的官方介入会有损非物质文化遗产自然传承的文化规律,但就现实而言,非物质文化遗产自身传承发展的活力逐渐微弱,若不借助外力的支持,非物质文化遗产会消逝得更快。

调查中发现,很多非物质文化遗产项目都不是最初的形态,而是随着社会发展不断变化的,这也应了非物质文化遗产的活态传承方式。因此,我们要保护的非物质文化遗产不应拘泥于某个时期的遗产形态,而是保护非物质文化遗产在传承中

保留的精髓,共同促进传承和发展。尽管目前多数非物质文化遗产已不具有实用功能,但我们可以应社会所需发掘其新的功能。此外,恐怕我们还要加强政府的主导作用,注重社会参与,大力培养传承人。同时,坚持"保护为主、抢救第一、合理利用、传承发展"的指导方针,合理利用非物质文化遗产资源,使之成为具有品牌影响力的文化旅游资源。目前,许多国家都把利用和开发非物质文化遗产的经济价值作为推动非物质文化遗产保护和传承的手段,使"旅游化生存"成为非物质文化遗产保护、传承的一种重要模式。但由于某些地方在开发的过程中过于功利化,使非物质文化遗产的本真性发生了变化,引起了文化学者对"旅游化生存"方式的质疑。实际上,许多成功的案例证明旅游化生存是非物质文化遗产保护传承的有效模式之一。

非物质文化遗产的传承和保护需要社会各方力量的共同努力,但田野调查是掌握非物质文化遗产现状的基础。遵义市非物质文化遗产的传承面临困境,众多的遗产珍宝还不为人所知,我们应根据当地实际采取合适的保护方式,也许我们还要大力推动遵义市非物质文化遗产走出去,让更多的力量参与进来,共同保护历史的珍贵遗存。

目录 CONTENTS

卷一 民间文学

省级非物质文化遗产 ··· 3
  播州杨应龙的传说 ··· 3

卷二 传统音乐

省级非物质文化遗产 ··· 9
  黔北打闹歌 ··· 9
  凤冈吹打乐 ·· 12
  仡佬族哭嫁歌 ··· 14
  高腔大山歌 ·· 17
  船工号子 ··· 20

卷三 传统舞蹈

省级非物质文化遗产 ·· 25
  黔北花灯(遵义市) ·· 25
  矮人舞 ·· 27
  仡佬族踩堂舞 ··· 29
  苗族斗脚舞 ·· 31
  采月亮 ·· 33

卷四　传统戏剧

国家级非物质文化遗产 ·· 39
　　仡佬族傩戏 ·· 39
省级非物质文化遗产 ·· 44
　　湄潭傩戏 ·· 44
　　文琴戏（遵义市） ·· 48
　　丝弦灯 ·· 50
　　马马灯 ·· 52
　　中观阳戏（正安县） ·· 56
　　学孔阳戏（仁怀市） ·· 57

卷五　曲艺

省级非物质文化遗产 ·· 61
　　围鼓 ·· 61

卷六　传统体育、游艺与杂技

省级非物质文化遗产 ·· 67
　　仡佬族高台舞狮 ·· 67
　　仡佬族打篾鸡蛋 ·· 71
　　赤水独竹漂 ·· 74
　　游氏武术 ·· 76
　　温水小手拳 ·· 79

卷七　传统美术

省级非物质文化遗产 ·· 83
　　通草堆画 ·· 83

卷八　传统技艺

国家级非物质文化遗产 ········· 87
　　茅台酒酿制技艺 ············· 87
省级非物质文化遗产 ··········· 90
　　豆制品制作技艺 ············· 90
　　皮纸制作技艺 ··············· 91
　　空心面制作技艺 ············· 94
　　油茶制作技艺 ··············· 96
　　晒醋制作技艺 ··············· 98
　　遵义红茶制作技艺 ··········· 101
　　湄潭手筑黑茶制作技艺 ······· 104
　　民间纸扎技艺 ··············· 105
　　墨石雕刻技艺 ··············· 108

卷九　传统医药

国家级非物质文化遗产 ········· 113
　　廖氏化风丹制作技艺 ········· 113
省级非物质文化遗产 ··········· 115
　　遵义王氏中医推拿 ··········· 115

卷十　民俗

国家级非物质文化遗产 ········· 121
　　仡佬族三幺台习俗 ··········· 121
省级非物质文化遗产 ··········· 124
　　仡佬族吃新节 ··············· 124
　　尖山苗族跳花节 ············· 126

附 录

附录一　民间文学 …………………………………………………… 131
附录二　传统音乐 …………………………………………………… 135
附录三　传统舞蹈 …………………………………………………… 138
附录四　曲　艺 ……………………………………………………… 139
附录五　传统技艺 …………………………………………………… 142
附录六　民　俗 ……………………………………………………… 151
附录七　贵州省国家级非物质文化遗产名录 ……………………… 159
附录八　贵州省省级非物质文化遗产名录 ………………………… 164

后　　记 ……………………………………………………………… 180

卷一 民间文学

省级非物质文化遗产

播州杨应龙的传说

公元1551年,一个月色朦胧的夜晚,龙岩山老王宫书楼上,杨烈倚在太师椅上进入了梦乡。夫人分娩在即,他在此等候孩儿的降临。山野中响起的虫鸣让夜色更加幽静深远,只有微风时而翻弄着松散在他手中的那卷《白居易诗集》,发出哗哗的声响。

天空中一道耀眼的光芒闪过,一条白色幼龙从天而降,银色的光辉将龙岩山照得通亮。杨烈惊诧地起身尾随幼龙,看着它向老王宫北面那片空旷的园林爬去。原本静谧的园林,此刻竟然出现了一池白花花的漾漾天水,山映在水里,月又在山上,水中嬉戏的幼龙激荡起的水花和涟漪好似满池银屑浮动于水中。幼龙抬头看见了他,一双清澈明亮的眼睛让杨烈似曾相识,心中却莫名地溢满悲喜交集之感。

前来道喜的丫鬟把杨烈从梦中唤醒。恭喜老爷喜得贵子。

杨烈慌忙起身向外望去,那一池银河天水已被薄如蝉翼的清晨卷收,只有手中那册《白居易诗集》被清风翻出的诗句赫然在目:

"嘉鱼荐宗庙,灵龟贡邦家。应龙能致雨,润我百谷芽……"

杨应龙。呱呱啼哭的杨家第二十九代传人,就这样传奇般地有了一个被后人载入史册的名字。而当年白龙戏水的地方也就是现在考古认定的新王宫龙位坪所在之处。占地1.9万平方米,传说中有三十六街七十二巷的新王宫,就建筑在那块泉源自天的宝地之上。

美丽的传说源自何方因缘,我们已不得而知。但传说赋予杨应龙起源于水的生命,倒是让人看见杨氏家族对杨门第二十九代所寄予的生命繁衍和子嗣兴旺发达的希望。因为龙离不开水,有水养育的生命将会源远流长。

其实,海龙囤并不缺水,《遵义府志》卷46"艺文"中有清代赵翼所作《海龙囤》七言诗,其题解有海龙囤:"四围斗绝,上有平地可屯数千人,兼有井,汲之不绝,真天险也。"

海龙囤一面环山,三面环水。山下有白沙水河与腰带岩河在山脚蜿蜒而出,河水潺潺,清澈见底。出海龙囤,过高坪镇,两条河水汇入遵义市的母亲河——湘江。据说当年杨应龙曾计划在山口筑坝,蓄水成湖,使海龙囤呈水泊梁山之势。

今日海龙囤牌坊

在山腰,过了飞虎关上行,是一条宽2米左右的山崖小径,小路左面是高高的绝壁,右面是深不见底的山崖。绝壁上一人多高处,有几道10多厘米宽的断裂带,好似系在壮士腰间褐色腰带一般的裂缝,带着寒气的清澈水滴不断从裂缝上淅淅沥沥涌滴下来,水滴在迂回的山路上形成浅浅的清澈细流。游人踮起脚尖,轻步轻履,不肯踏破这寂静的山路上款款盈动的水流。这情景让人感慨,山有多高,水就有多高。

在山顶,就在老王宫遗址上,七月的夏风吹动几汪映照着蓝天白云的水稻田,绿色秧苗在盈动的水中生机勃勃,茁壮成长。

海龙囤的水不仅晶莹剔透,而且甘美清甜。每有游人到囤上,小餐馆里的胖厨师就提起他新烧开的水壶,一边为大伙斟水一边不无得意地说,"这可是海龙囤的水哨。"这山泉水,对于来自污染不堪的闹市中人来说,如玉液琼浆一般稀罕。

是的,海龙囤的水不仅养育了杨家二十九代子孙,而且还将山谷滋润得苍翠葱茏。刚从林中采摘的鲜嫩水灵的折耳根、鸭脚板、柴胡、水芹菜、竹笋等一盘盘山野菜肴端上餐桌,还不等那绿色的香味飘散开去就被一抢而光。好山好水加上绝对绿色的美味,滋润得游人一个个神采奕奕,面色红润,好似活神仙一般。

科学家探索宇宙生命首先要看星球是否有水的痕迹,这让人们惊叹宇宙大爆炸地球成为得天独厚的一颗美丽的蔚蓝色星球,是何其幸运。据现代科学研究,水有记忆,并且从善从美。水能根据人们赋予它的美与丑、善与恶、爱与恨不同的信息,凝结出美丽或者丑陋的结晶。

而龙在传说中更是吉祥神兽,能兴云雨、利万物,为四灵(龙、凤、麒麟、龟)之

今日海龙囤遗迹

首,是祥瑞象征,在它的身上寄托了人们美好的愿望。人们也常把世间的杰出人物称为人中之龙。

杨应龙出生伊始就被民间传说赋予了水与龙的秉性,又居住在如此远离喧嚣的清静山间,想来身上自有一种特殊的自然特质,心悦宁谧,只愿在这晨雾渺渺、鸟儿啾啾、水声潺潺的囤上,对朝廷称臣纳贡,与一方民众安度日月。

翻阅《平播全书》,杨氏始祖杨端于唐僖宗乾符三年应募平南诏入播以来,对朝廷一直是:"奉琛奉币,职岁之贡献无虚;不叛不侵,非时之征调惟谨。"

而杨应龙自隆庆六年袭职以来,更是:"川贵两省有征调,朝奉檄而夕发兵,毋敢后时。"对朝廷依律称臣纳贡,"趋事勤敏……裹粮效命。"应朝廷调遣多次率军出征,参加平乱立下赫赫战功,被朝廷分别加封为都指挥使,赐飞鱼彩袍,领二品官衔,封骠骑大将军。为国为省东征西讨,身先士卒,屡立战功。

可是,就是这个杨应龙,却为何又被历史演绎成为反叛朝廷,威胁四川、贵州而不得不伐的逆贼?

在地方作者和村民们的述说中,惨烈的平播之战起源于杨氏的宠妾田雌凤惹出的家庭纠纷,打破了部族结构内在的力量平衡;官吏的好事喜功,穷兵黩武而挑衅起祸;杨应龙被迫与朝廷军事对抗,被欺逼和歧视"逼上梁山"。

也有的史学家将其归于明清之际对那些"与时代不合拍"的土司进行"改土归流"的必然结果,认为是明王朝统治者所逼迫,是中央与地方特别是播州这种边远土司统治之间矛盾逐渐上升的结果,这一矛盾的实质是中央集权与地方势力的权力之争。

不管起因为何,最终李化龙将坚固的囤堡攻破,杨应龙被迫悲壮自缢的计谋却惊世骇俗。

杨应龙民间传说,反映了古播州的土司制度和宗教思想对播州人民的影响,是播州各民族的精神世界,包括各族民众的世界观、人生观、价值观和审美观。杨应龙民间传说构成了地方民间艺术,它传承了播州各民族人民深远的历史文化信息,对研究播州历史文化、土司制度和宗教思想,有不可代替的作用。

海龙囤关隘之一

笔者认为,保护杨应龙民间传说,应从几点入手:①保护的重点在传承和传承人,为他们的传承创造条件(如办传习班、传习场所、民间文学进学校等),建立可持续的传承机制。②民间传说的保护,重点在根据其固有特点建立和健全一个适合时代需要和可持续发展的传承机制,从而使产生和流传于农耕文明条件下的传统民间传说,在现代条件下仍然能够得以继续传承。

卷二 | 传统音乐

省级非物质文化遗产

黔北打闹歌

在黔北农村,曾流行着薅草"打闹"这一民俗。"打闹"旨在统一指挥,统一调动劳力,监督薅草人莫偷懒,莫摆龙门阵,以提高薅草质量,加快薅草进度。那悠扬久远的歌声,那节奏明快的锣鼓,在宁静的山野久久回荡。于是农家有了生气,山寨有了灵光,欢喜、笑容、自豪,全写在山民们的脸上。

黔北打闹歌舞台展示

"打闹"时需击锣鼓,需唱歌,由两位歌师完成。一人击鼓,一人敲锣。击鼓敲锣有专门的锣鼓谱。锣鼓谱分慢号、中号、快号三种。慢号为咚、咚咚、哐—咚、咚咚、哐—咚、咚咚哐、咚咚咚咚、咚咚、哐——(无限反复);中号为哐、咚咚、哐、咚咚哐、哐咚咚哐咚、哐咚咚哐——(无限反复);快号为哐、哐、哐咚哐、哐咚哐、哐咚哐咚哐咚哐——(无限反复)。

歌师击一阵锣鼓后,首先说开工口号(锣鼓止):"呔,口号口号,随口就到,口才口才,随口就来,若还不来,不算歌郎口才,若还不到,不算歌郎口号。弯刀逗木把,句句老实话,板凳逗木脚,句句老实说。"击一阵锣鼓后接着又说:"初到歌场来唱歌,才疏学浅莫奈何。一怕歌师盘问我;二怕主家客人多;三怕口才言辞顿;四怕声音不柔和;五怕歌场逢对手,还望歌师让一着。"

来主人地里薅草的除乡邻外,还有远方的亲戚朋友。说不定在场的亲戚朋友中就有高明的歌师,所以上场后必须先"拜码头",以示谦虚。接着就唱上工调(亦称散调):太阳出来照白岩,亲朋近邻薅草来。粗茶淡饭待不好,还请各位要宽怀。

这是歌师代表主人向众薅草人说的礼节话,表示谦逊。其实呢,早在两三天前主人就着手准备了。推豆腐、打糍粑、烧腊肉、熬茶糕,为的就是让众乡亲吃饱吃好,提高薅草质量。同时也显示自家的富足和热情好客。

歌师在劳动现场

自己的心上人当了歌师,无比激动,无限荣光。因为打闹的歌师很难挑选,不但要嗓音高(假音),吐字清,而且要做到边打边唱,唱腔优美、流畅,不能打住,做到心、口、手相合。一家人有一个歌师,全家人都感到光荣。女人们都希望自己的丈夫能成为一个歌师。姑娘们找对象,都把目光投向未婚的男青年歌师。所以有"歌郎歌郎你莫焦,恁多姑娘任你挑"的顺口溜。上工调唱完后唱正调。正调内容多数是敦促薅草的人莫要偷懒,注意质量。如发现有人偷懒,就唱:

六月太阳似火烧,苞谷苗苗半枯焦。
情哥情妹来薅草,莫要伸起蚂蟥腰。

如有姑娘站在边边歇气或躲在树下乘凉,就唱:

六月里来大热天,情妹薅草溜边边。
莫要站起来偷懒,谨防情哥把你掀。

歌师应机动灵活,见子打子。比如大家薅疲劳了,应放稍休息,歌师就要看准火候,适时放稍。并唱:

六月薅草大热天,薅了那山薅这山。
只要这山薅完了,放下锄头吃杆烟。

旧时农村薅打闹草的人家多为当地有名的大户人家。贫困人家虽然也有薅打闹草的,但喊的"活路"不多,一般只有十七八个人,叫打"十八闹"。大户人家则请三四十个人,有的甚至有五十人以上。这就要打"连二号"。请两拨歌师在同一块地里打闹。每当这时,两拨歌师就要大展身手,各显其能。少不了唱"盘歌"。盘歌的形式是一问一答。内容有唱古人的,有唱农事活的,也有唱生活常识的。应有尽有。

黔北打闹歌是黔北劳动人民在长期的生产劳动中自发创作的民间口头文学。它形式多样,内容丰富,底蕴深厚,源远流长。

打闹歌在田间地头

打闹歌在劳动现场

中耕时节,田土较多的庄户人家请人锄草或各农户间相互帮工(集体劳动)时,主人便请来两名歌师背锣挂鼓,站在高坎处或巡走在田埂土垅间,一人敲锣,一人击鼓,边打边唱;薅草群众可随声和唱,可与歌手对唱,或歌手领唱众人合唱等,在高潮时,除草人分为两个部分,在一问一答中参与歌唱,气氛热烈。以此凭着鼓点的舒缓疾速协调劳动节奏,借助唱词内容督促进度、监督质量,运用诙谐风趣的道白来鼓舞劳动情绪、愉悦农民心情。

黔北打闹歌的传承谱系1886年前无记录,1886年后的传承谱系根据老一辈人回忆如下。第一代:王银成(1886年)、况久成(1891年)。第二代:况顺寸(1926年)、况顺恒(1927年)、谭银正(1929年)。第三代:罗永坚(1931年)、刘开宣(1934年)、叶仲联(1930年)、杨成刚(1936年)、万友才(1933年)、张能华(1934

年)、叶仲友(1935年)、杨凯志(1933年)、刘开国(1936年)。第四代:付方昌(1941年)、任明志(1949年)、谭华国(1946年)、王精中(1946年)、黄德志(1945年)、张能发(1943年)、陈天寿(1943年)、武启兴(1952年)。

打闹歌是劳动人民在长期的生产劳动过程中自然形成的一种惩恶扬善、歌功颂德的民间音乐演唱形式,简短易懂易记的歌词,使群众从中增长知识。鼓动性和娱乐性融为一体,具有一定的艺术价值和欣赏价值,也是研究黔北特有的农耕习俗、历史文化的较好素材。

凤冈吹打乐

黔北吹打在凤冈,凤冈吹打在峰岩。峰岩吹打乐是在隆重盛大的活动中使用的、融唢呐吹奏和盆鼓、钩锣、大钹打击于一体的民间吹打形式。吹打以其气势宏大热烈、参与人数众多著称,吹打乐在乐器和演奏人员两个方面具有一定特色:一是唢呐作为演奏的基本乐器,其形状型号是独有的,唢呐小者不足尺,大者长近两米,乡民称其为"大号";鼓有大有小,大者鼓面直径为一米有余,锣、钹亦有大有小。二是在天桥乡能随意参与演奏和打击的乡民十之二三,一次演奏吹打,一般都有百余人参加,阵容庞大。演奏的乐曲旋律简明朴实、生动活泼,是从民歌民谣中提炼出来的,让人易学易会,老少均可参与。

凤冈吹打手(李小毛 摄)

蜂岩吹打乐遍布全镇各村(社区),在长期的演变过程中逐渐形成各自的特色,其中以小河村和巡检村最为出名,小河村主要以民间唢呐较为出色;巡检村主要以民间锣鼓为代表。历经多年的传承、发展,无论是民间唢呐,还是民间锣鼓,技艺都越来越精湛,风格越来越独特并在凤冈县内占据相当重要的位置。

小河唢呐样式多。有短杆小盘唢呐、短杆中盘唢呐、长杆大盘唢呐等。短杆小盘、中盘唢呐由唢嘴、气牌、芯子、木杆和铜碗五部分组成,杆上开有五孔、六孔、八孔不等;长杆大盘唢呐则由铜嘴、铜杆、铜碗组成,杆上无孔,靠气息控制,主要吹奏简单乐曲。短杆小盘、中盘唢呐吹奏出的曲调婉转悠扬、热烈喜庆;长杆大盘唢呐吹奏的曲调浑厚响亮、气势磅礴。具有"唢呐艺术之乡"称号的天桥乡的唢呐队伍多数成员是小河、中枢等村人,他们为天桥乡唢呐艺术的传承和发展做了不少贡献。

巡检锣鼓由锣、钹、鼓等打击乐器组成,通常为四人组。也可以因需要而组成多组强大的阵容合打或套打同一曲目且节奏明快、变化无穷。民间婚嫁、丧葬等活动常用的优秀曲目有"闯姑娘"等。

在传承、发展过程中具有较大贡献的艺人有陆恩运、汤国强等人。蜂岩锣鼓不仅用在婚丧嫁娶活动中,也广泛地用于各种灯舞,虽然曲调单一,但对于舞蹈动作的衬托却起到了决定性作用。

民间艺人表演吹打乐(李小毛　摄)

唢呐、锣鼓可以单独运用于相关特定的场所,广泛受到喜爱且不可缺少,亦可以吹、打结合,这是近10年来民间文化发展的一种新模式,无论是创作还是表演,它的要求更高,难度、阵容更大,一旦成功,效果自然别具一格。典型曲目有《开门红》,由陆恩运老师创作、指导。

民间唢呐、锣鼓是人民群众的精神食粮,也是一种精神寄托,参与人数众多,据不完全统计,全镇201个村民小组90%以上的小组有自己的吹打组织,老百姓在能办的事上往往有万事不求人的自尊心,正是这种自尊心使很多民族民间文化得以传承。1984年,凤冈县举办首届民间吹打乐比赛,蜂岩镇以巡检村为代表的打击乐队荣获第一名、同一支代表队还先后参加过"贵州省首届民族民间艺术节""贵州省酒文化节"等众多活动。2007年凤冈县的"春晚"演出中蜂岩镇的《开门红》打击乐节目,获得了县委、县政府领导及观众的好评,并于2007年3月由县委、县政府点名组队参加了"贵州省首届春茶开采节",其中的"民间打击乐"表演得到了来自国家、省、市、县有关领导、嘉宾及外国朋友的高度评价。随着人民群众精神文化需求的不断提高,民族民间文化在一定的领域得到了较好的发展,但个别吹打技艺如"双人交叉按音孔""脚趾按音孔""过山号"等吹奏技艺受多元文化、现代思潮等因素的影响,掌握的人越来越少,濒临消亡,前景不容乐观,亟待拯救。

对黔北吹打乐的保护有其独特的文化价值、艺术价值、社会价值。

文化价值:在曲目的编写上,吹打乐的曲目多是对生活的写照和提炼,把身边发生的故事编写成歌曲演奏出来,贴近生活,百姓喜闻乐见,还有一定的教育性、哲理性,发人深省。所以吹打乐不仅记录了百姓的生活,还是引导大众价值观、明辨是非的一面旗帜。在大众生活中有重要的文化价值。

艺术价值:一是利用其原生民间素材进行再创作,产生新的、有价值的艺术产品。民族的才是世界的,民间的才是纯美的,民间艺术是艺术创作的源泉和不竭动力,很多艺术家在民间艺术中获得灵感。二是它是一种民间的娱乐方式,草根文化,每逢婚寿嫁娶,大家吹吹打打,热热闹闹,娱乐身心,极大地丰富了农村的生活情趣。

社会价值:吹打乐直接服务于群众。广大群众共同参与,可以是表演者,可以是观赏者,大家在吹吹打打,欢欢乐乐中,忘却烦忧与劳累,抛下摩擦恩怨,大家其乐融融。使村民的关系更为融洽与团结。

仡佬族哭嫁歌

仡佬族哭嫁歌是仡佬族姑娘在出嫁前三五天里以歌哭方式告别父母亲人,表达离情别意的一种礼俗。流行于道真仡佬族苗族自治县。道真仡佬族苗族自治县位于贵州省最北部,处贵州省高原向四川盆地的斜坡地带。全县总人口337176人,少数民族人口260957人,其中仡佬族151929人。

哭嫁在我国是一种流行范围较广的婚俗,许多民族都有此俗。与之紧密相连的"哭嫁歌",在哭的基础上加上曲调、音乐,亦哭、亦歌、亦喜、亦悲,成为民间文化中一种独特的现象。其内容丰富,包容着民俗学、社会学、艺术学、心理学、语言学等丰富的文化信息,不但是民间歌谣中的一大品类,而且也堪称民间文学中的一朵奇葩。

哭嫁习俗是中国多区域、多民族共有的文化现象。2000多年前《礼记》中有

"嫁女之家,三夜不熄烛,思相离也"的记载;宋代周去非《岭外代答》有南方民族伴嫁歌的描述。道真地域,有新石器时代的石斧出土;贵州教育鼻祖尹道真先生曾在此方设馆教学;唐时有官学的设置:均表明道真地域开发、开化较早。道真必然早受外界影响,而有哭嫁习俗。道真哭嫁习俗流传多出

仡佬族姑娘哭嫁

于以下原因:仡佬青年男女的结合,所依靠的是父母之命、媒妁之言,且出嫁时"男不亲迎",女方对婚姻有不平感;仡佬"女大三(岁),抱金砖"的俗信,致使女方有出嫁之后独挑家庭重担的心理负担;民间以是否长于哭嫁作为衡量其有无才情的重要标准,也促使姑娘们平时注意体会与感悟;出嫁之后,从此离土离乡,离开父母亲人,实现角色转换,诸多感情必然纷至沓来,发为歌哭,亦属自然之事。

因地方有哭嫁传统,境内的农村少数民族姑娘在少女时代,便经常出入婚嫁场中,自觉不自觉地接受其影响;或者,偷偷地跟年纪稍长的亲友探讨性、继承性地学习(俗称"学话话儿")。出嫁前半年或一二月里,更是把纳鞋刺绣、学习哭嫁作为紧要事务;出嫁前七八天或三五天的双期日子,则不食茶饭,在母亲或姑婶、姨娘等的引领下,一门心思地"哭嫁"。"开声"所哭为生身父母和哥嫂姐妹等至亲。以此训练声音,以求出嫁时所哭声音圆润动听。出嫁前一天,则兄弟姊妹、三亲六戚、团邻四近、儿时伙伴、厨师木匠等,无不纳入歌哭范围,家中更是热闹非凡,哭嫁也随之进入高潮。歌哭的对象扩大到了所有前来贺喜的成人。

哭时,姑娘以方帕一张掩面,旁有一名年长的至亲妇女(一些地方称"支客师")陪伴。所哭对象,有姑娘主动哭者,也有"被动"哭者。主动哭的对象为叔伯、姑舅、姨婶等至亲,无论对象是否来家或在跟前,姑娘均自行安排而歌哭。其时支客师会主动前去提示对象:"她在'叫'你了。"意即在哭他了。被哭者便会走到新娘跟前,听她哭诉,而且还会送上事先备好的钱物。女性中的至亲或好友,还要坐下来,任姑娘跪在膝前歌哭,并像诗人酬唱一般,陪哭、劝哭。被动哭,多是对象主动来到跟前,经支客师提醒姑娘后的歌哭。

此外,按所哭地点与方式区分,有坐哭和寻哭两种。坐哭即定坐一点。其中出嫁前哭父母等至亲在姑娘的闺房;出嫁前一天及当天,一般在"小二间"(通常的待

客场所)。寻哭主要是哭帮厨人员等,姑娘会主动前去厨房歌哭。

总之,其间是一位去了,一位又来,一歌完了,一歌又起,到"发亲"前拜哭祖宗,再次拜哭父母亲人,至上轿或上路而结束。

仡佬族哭嫁歌

哭嫁歌的作者是世代仡佬族妇女,"哭嫁歌"是她们世代相传并不断丰富的口头文学作品,她们并不懂得烦琐的文学创作,但她们的慧性却使其艺术实践无不暗合于形而上的理论,诸如押韵、修辞、赋比兴的运用等,表现了非凡的艺术才能。哭嫁歌不是山野边民闲时简单的吟唱,它是一种比较固定的文化载体,有着丰富的民俗学、社会学、艺术学、心理学、语言学等文化信息,从哭嫁歌中,可以看出博大精深的民族文化及所蕴含的难舍亲情。

哭嫁习俗历史悠久,在县内的仡佬族地区十分普遍。姑娘自小便喜欢出入哭嫁场所,听出嫁女婉转动听的歌哭;十余岁更喜三五成群,聚于隐蔽场所,窃窃议论和偷偷交流;稍识字墨的有心人,还会用笔记下来,在闺房之中悄悄温习和用心感悟,以此引发灵气与才情。到哭嫁时,再借助特定场合的气氛与情感激发,在有所继承中即兴创作,自然而出。因此,哭嫁歌主要是通过习俗力量,无形感染,潜移默化,如此一代一代地演进和传承。

毛志宏是道真自治县三桥镇的一名普通农村妇女,热衷于民间文化的收集,特别是对哭嫁歌的了解更专注和深入,受当地民俗的影响,

土家族婚礼现场

自幼练习传唱哭嫁歌。她高中毕业,有一定的文化基础,对哭嫁歌的收集整理比较系统。是目前道真自治县哭嫁歌民间传人中唯一广泛搜集、规范整理、文字记录且卓有成效的女性。

在过去,"哭嫁"是看一个姑娘的孝道、爱心的孔道,"哭嫁歌"的歌词多即兴而编,因此,又是看一个姑娘聪明伶俐程度的标准。甚至在很多地方,不会哭嫁被视为没有教养。而现在,受新的观念和新的生活方式的影响,人们的婚嫁地点、婚嫁仪式都更加多样,对婚姻的态度也有了较大改变;同时,因经济水平的提高、交通条件的改善、功用实惠的追求等,亲情关系也失去了往日的厚重色彩;是否长于哭嫁,也不再被视为姑娘有无教养、有无才情的标准;因此,新的哭嫁歌已经失去了或缺少了新的滋生土壤。现在,会唱哭嫁歌者,多半是20世纪70年代以前出嫁的妇女,其年龄至少在50岁以上,其文化知识大多较低,思想性格也不够开朗,听、记能力也在逐步减弱,严重制约着哭嫁歌的挖掘,哭嫁歌面临着传承的危机。

高腔大山歌

狮溪高腔大山歌从形成到现在,已经历1000多年历史。在1000多年的发展和演变中,狮溪高腔大山歌逐渐形成了内容丰富的表演体系,主要体现为"男女老少齐上阵、吹拉弹唱共争鸣",整个演出时而铿锵有力,时而意气昂扬,时而寓庄于谐,时而意义深远,可谓精彩纷呈、魅力无穷。

狮溪高腔大山歌是流传在狮溪一带地区的一种古老而独特的原生态山歌。狮溪地处渝南黔北接合部,在漫长的历史演进过程中,融合了巴蜀文化、夜郎文化与中原文化而形成独特的山地文化。

狮溪高腔大山歌以七言为主,采用赋比兴手法并以比兴手法为众,且保留了大量的入声字。衬词常用一连串的虚词,多为开口音发声。山歌体式有长调高腔和短调高腔,调式多采用汉族五声调式中的徵调式、角调式、长调高腔多单工部曲式,短调高腔为一部曲式。山歌曲牌多,表现内容广。唱腔高亢、粗犷、感染力大、穿透性强。

狮溪高腔大山歌在漫长的历史发展过程中形成了丰富的曲牌调式,生动地表现了人们的生活、劳动、内心世界和地域风情。狮溪高腔大山歌曲调分为长调和短调。长调高亢缠绵,短调清越流畅。长调为单工部曲式,第一部由两句歌词两个乐句进行呈现和展开,第二部由衬词组成的乐句加以补充和发展;短调为一部曲式,

高腔大山歌之乡——狮溪

由起承转合式的四句乐段构成。

狮溪高腔大山歌的曲牌丰富多彩,有表现人物的,如《谷王腔》等;有表现人物情态的,如《山乐腔》等;有表现人物情趣和乐器的,如《唢呐腔》等;有表现动物的,如《老鸹腔》等;有表现宗教的,如《观音腔》等。

狮溪高腔大山歌歌词多用七言句,二二三结构,富有音韵感和歌唱性。衬词多采用虚词,因不同曲牌而异,如"呀耶""罗喂""耶嘿哟"等,古朴迷离,并大密度运用且在单工部曲式中独成乐段,富有表现力。

狮溪高腔大山歌的演唱形式是"一领众和""领唱称""抽腔""提腔""合唱谓""帮腔""和腔"。具领唱技艺者称"歌师"、和唱者为"吼巴儿",歌赛中获胜队的领唱者誉"歌王"。

狮溪高腔大山歌的歌词除传统歌词外,由歌师触景生情有感而发随意编创,填入固定的曲牌演唱,因而丰富、真切。歌词使用赋、比、兴手法,以表现爱情内容的为多,上句起兴,下句抒情,如"斑鸠飞得尾巴圆,一翅飞到绿豆田。好块绿豆不得吃,好个情妹不得连"。

狮溪高腔大山歌在唱法上强调"高腔"特色,富有"飙歌"风格,有的曲调中有"嘘声""假嗓"演唱的要求,表现丰富而生动。

狮溪高腔大山歌的存在,证明我国古老的音乐并没有消失,还在延续着我国音乐的血脉。它多元的文化特征,极具学术价值。它在人类学、语言学、民俗学等学术研究方面同样有一定的研究价值。

随着经济和技术的发展,市场商品经济的繁荣,乡民们忙于各种经营活动,有"自然消亡"被社会淘汰的危险。

狮溪高腔大山歌在漫长的发展和演进过程中,形成了丰富的曲牌调式,主要有长调高腔和短调高腔,长调高腔多为单工部曲式,短调高腔多为一部曲式。演唱内容以表现男女爱情居多,将男青年对女青年的爱慕与追究,以及青年男女们的恩爱故事淋漓尽致地融入歌声中。如"斑鸠飞得尾巴圆,一翅飞到绿豆田。好块绿豆不得吃,好个情妹不得连"。

除了表达爱情外,农村生活、劳动、村民内心世界和地域风情也被搬上了狮溪高腔大山歌的舞台,生动地表现了山民们的内心世界和生产生活场景,歌曲的来源也主要为农民在生活劳动中的所思所想、所感所悟。如《锄头闪闪亮金光》中唱道:

太阳出来亮堂堂,我盘起锄头上山岗;

山又高来路又长,我走完坡坡翻梁梁;

太阳照在锄头上,锄头那个闪闪亮金光;

问这锄头亮哪个?锄养爹来又养娘;

养了咱家两口子,还养娃儿上学堂。

大山歌也充分反映了狮溪、水坝塘、芭蕉农民盼丰收、望丰收的美好心情。如《盼丰收》中唱道:

一榜大田水汪汪,春风吹来去插秧;

秧把搭在田坎上,金灿灿的谷子撒装满仓。

……

靠口口相传的狮溪高腔大山歌,没有文字记载,再加上受现代音乐的冲击,以及当地大批青壮年外出经商、务工,分散各地,大山歌的生存空间越来越小。如今,会唱山歌者寥寥无几,且年纪都在60岁以上,狮溪高腔大山歌这一贵州非物质文化瑰宝面临"自然消亡"的危险。

为了抢救这一濒临失传的文化瑰宝,近年来,由桐梓县委宣传部牵头,狮溪、水坝塘等乡镇党委、政府把收集整理民俗民间传统文化当作一项重要工作,组织山歌采集人员广泛深入农村、深入群众,收集整理山歌歌词和创作素材。到目前,共采集到具有地方特色原生态山歌唱词70余首,山歌50余首,对传承和保护民间民俗文化有重要价值。

为了培养更多的歌者,水坝塘镇成立了山歌领导小组和高腔大山歌学会,专门从事山歌收集整理、教唱和教材编制,利用镇有线电视台、宣传栏对山歌进行录音、播放和山歌知识宣传。该镇还将大山歌传唱列入地方教程计划,纳入音乐课程体系,组织开展山歌进校园、进企业、进机关、进村寨、进党支部活动,把全镇4所片区完小和复兴中学划分为5个片区,每片选派2名山歌"歌师"深入学校教授山歌理论、唱词、曲调收集和山歌传唱等知识,并举办形式多样的山歌比赛,并通过学校广

高腔大山歌的劳动场面

播系统,利用课间休息或课余时间播放山歌录音,让学生在浓厚的山歌氛围中感受地方文化,也为抢救这一濒临失传的文化瑰宝培养了一大批继承者和传承人。

船工号子

　　历史悠久的赤水河船工号子流传于滩险水急,位于贵州省西北隅,发源于云南镇雄,穿越云贵川三省十县市的赤水河,分布在赤水河上、中、下游通航的主航道上。赤水河古称安乐水,在贵州、四川两省边境。源出南省镇雄县,经贵州省赤水市至四川省合江县入长江。长500千米,流域面积2万平方千米,通航248千米。在通航的河岸水线上,至今仍依稀可见一条千百年来成千上万的船工们,日复一日唱着用血泪与悲欢凝聚的船工号子,负载着沉甸甸的纤绳踏出的古纤道。

　　赤水河船工号子历史悠久,自从赤水河上出现最早的船舶从事原始的航运事业后,就伴随着产生了船工,产生了纤夫。船工号子也就随之产生了。早在汉朝建元六年,汉武帝派唐蒙出使古夜郎,就从符关(现合江城南关一带)出发,沿赤水河经此道进入夜郎。明代洪武二十四年,赤水河合江至境内沙湾塘河道就直通船舶。曾"斗米斤盐"的川盐由木船经赤水河运至沙湾塘,起岸后陆运到茅台,水位适中时转船运至丙安或元厚。清乾隆年间,赤水河航道疏浚,赤水至元厚,元厚至二郎滩分段通行木船,载重5~15吨位不等,1949年以后,打破了分段航行不同规格船

美丽的赤水河畔（李小毛 摄）

舶的陈规，赤水至二郎滩通行20吨左右长航木船、赤水至合江通行40吨位左右木船。由于赤水河滩险湾多，水流湍急，因此，自通航以来，负重的各式木船上行全靠纤夫拉纤行船。于是，赤水河古纤道上就响起了久盛不衰的歌谣——赤水河船工号子。

赤水河船工号子内容丰富，形式多样，有吆二三号子、数板号子、倒板号子、开船调、下水调、平水调、推船调。另外，还有别具一格，节奏欢快，气氛热闹的五月端午龙舟号子，如"正月里来正月正唷嗨，要把龙灯耍唷嗨；二月里来二月春唷嗨，要把风筝扎唷嗨；三月清明飘白纸唷嗨，四月要把秧苗插唷嗨，五月龙船儿下河坝唷嗨，六月汗巾手中拿唷嗨，七月亡人回家耍唷嗨，八月中秋照月华唷嗨，九月重阳把酒洒唷嗨，十月萝卜儿长不大唷嗨，冬月年猪家家嘎（杀）唷嗨，腊月盼年乐哈哈唷嗨"。总而言之，顺水逆水，船舶大小，滩险滩缓，滩大滩小，纤夫多少，载货轻重等号子均不相同。歌词多数取材于船工的真实生活经历，由船工们在日常工作生活中随意编唱，部分来源于摘录书籍。有的号子诙谐幽默，歌声高亢嘹亮，浑厚激越，反映出纤夫们粗犷豪放的个性，苦中作乐，对生活充满热爱的乐观向上精神。

赤水河航运事业发展飞跃。从古至今，成千上万的船工长年累月背井离乡，漂泊在外，一次出船时间有时竟长达一月有余。民国年间，赤水至二郎滩航程160千米，上行货船最少需时20天，就是顺水下行也要四日才能到达。船工们生活十分艰苦，时常风餐露宿，忍饥挨饿，更有甚者，时有船工因船舶失事而葬身鱼肚，丢下年老体弱的父母，抛弃嗷嗷待哺的婴儿，永远离开花容月貌的少妻。特别是纤夫，劳动更为艰苦，逆水行舟，全靠纤夫用人力拉着载重数十吨的木船前行，每天行程少则二三十里，多达近百里。每前进一步都凝聚了他们无数的心血和汗水。盛夏的炎炎烈日，纤夫们穿着短裤，裸着上身，背顶如火的骄阳，脚踏滚烫的沙石，肩负沉重的纤绳一步一步慢慢爬行。飞雪的刺骨寒冬,纤夫们穿着疤上重疤的长衫,腰系绳子,裸着下身,时常顶风冒雪,脚踩冰冷刺骨的齐腰河水,匍匐前进,手脚常常被凹凸不平、荆棘重重的纤道划出千纵百横的道道裂口。船工们在长年累月的艰苦拉纤生涯中,用极度艰辛的汗水、悲天悯人的泪水谱写出了一首首悲壮感人的船工号子。

随着现代化与城镇化的推进,大量机动船舶的兴起,逐渐替代了历史上全靠人力拉纤上行的木船,20世纪80年代末,昔日在航运史上曾经做出巨大贡献的纤夫彻底告别拉纤生涯。赤水河船工号子也随之告别古朴沧桑的赤水河纤道。时至今日,船工们大多数已老死病故,余下的船工已是七八十岁高龄,已无法唱响经典的船工号子。赤水河船工号子濒临灭绝境地。

赤水河船工号子

然而,唱出了船工们千百年来悲欢离合血泪史的赤水河船工号子,是一部见证赤水河航运事业兴衰成败的史书,深受广大群众的喜爱,是一种不可多得的充满生活情趣的,难能可贵的有着特殊历史背景的,古老而质朴的一种民间音乐,是值得加以保护使之传承后人的一种非物质文化遗产,是赤水河船工曾经生活的真实写照与再现。所以,赤水市文化馆协助赤水河航道处成立了赤水河船工号子演唱工会组织,对濒临灭绝的赤水河船工号子进行有效的保护和抢救,并深入实际做好传承人(老船工们)的思想政治工作,把演唱赤水河船工号子水平较高的老船工组织起来,多次进行演唱排练,老船工们声情并茂的演唱,使他们仿佛又穿过时间的历史隧道,回到了那历经酸甜苦辣的船工生涯中。2007年,赤水船工号子被列入贵州省第二批省级非物质文化遗产代表作名录。

卷三 | 传统舞蹈

省级非物质文化遗产

黔北花灯（遵义市）

花灯音乐在全县普遍流传,历史悠久,分布面广,影响极大,在黔北地区有一定的代表性,各乡村城镇流传的花灯曲调大同小异;汉族与少数民族演唱的曲调同出一辙。

花灯音乐属于民歌体结构,呈典型的地域性曲调特征。在发展中受到川剧等地方大剧等地方大剧种音乐的影响,少数曲调呈川腔韵味。在长期习俗性活动中,花灯不断与山歌、号子、哭嫁、善书吟唱等腔调结合,自成一体,形成吟、诵、数、唱兼有的音乐风格,并有少量的板式唱腔,具有浓郁的地方特色。

花灯音乐包括神腔、高腔、灯腔(含新灯腔)等几种腔调。

花灯队在演唱途中

遵义县花灯是在花灯歌舞基础上发展而成的戏曲剧种。花灯戏起初作为一方习俗在本地普遍流传,它以祭祀酬愿、驱灾逐疫、祈求丰收、纳吉求福和求子表爱等为活动目的,常以古人故事、忠孝节义、礼义廉耻、惩恶扬善、恋爱婚姻等为内容,逐家表演。民间花灯艺人在各个时期自编自娱,多以说、唱、舞等形式表达思想感情。全县乡村角落皆有分布,深受广大群众喜爱。

遵义县花灯的基本特征是"灯夹戏"。其表演以"扭"为特点,演员常用折扇与手帕为道具表示情感。舞蹈的步法有二步半、四方步、野鸡步、梭步、碎米步、矮桩步、妇田步、快上步等;扇子耍法有小花扇、大花扇、交扇、盖扇、差扇、扑蝶扇等;身段有犀牛望月、膝上栽花、黄龙缠腰、海底捞月、雪花盖顶、岩鹰展翅等。

　　由于花灯载歌载舞,通俗易懂,覆盖面广。因此在民间有广泛的群众基础。在表现情节刻画人物时,板腔与曲调综合使用,形成了丝弦灯调系、台灯灯调系和锣鼓灯调系,音乐表现力更加丰富。花灯戏其婉转动人的优美唱腔、浓郁的乡土气息和灯戏兼容的独特民族风格折射出地方的人文风采。

花灯队走村串户的特色

　　遵义县花灯分愿灯、灯戏和歌舞三种不同类型,沿演至今,三者并存。

　　愿灯包括玉皇灯、梓童灯、寿灯、孝灯及主家择吉酬愿所举行的愿事花灯戏,又叫愿戏。其活动宗旨主要是驱邪、纳吉和求福。凡演出愿灯,按各家经济情况,或简或繁,须请圣送神。酬大愿有开坛、造灯、赦罪、财神登殿、花戏、勾愿、打唐二、川灯下河、盖魁等九个程序,各表现不同的演唱内容。以此布局,构成愿事场中演出整体,需一天一夜完成。场地设酬愿之家堂屋。酬愿花灯隆重讲究。

　　灯戏一部分是在花灯歌舞的基础上,艺人将演唱内容不断加以改造、完善而形成,如《干妈问病》《小妹卖面》等。另一部分则直接由愿灯派生出来,如《财神登殿》《仙姬送子》等。这些剧目脱离法事科仪,不受愿事制约,在各种场合均能表演。其次为大量来自民间传说、善书唱本及移植外来剧目,如《柳荫记》《范叔赠银》等剧目。这些灯戏一般不需搭台,每至正月,凡主家与灯班有关系者或乐意供夜餐(又叫打坐台)之家,灯班可在堂屋就地演出其中任何一出戏,时间可达通宵。除此之外,不分季节,在酬愿之家,根据主人家境情况和爱好,亦可向灯班点唱合适剧目，但演出这种灯戏须由主家另行赞助报酬，叫作利实。

花灯歌舞总体叫耍灯，旦角叫幺妹或文角，又叫"帕子匠"；丑角为唐二，又称武角。花灯歌舞容量大，广为流传，具有黔北典型风格特点。活动时间主要在正月农闲，其次是常年性的婚、寿喜期中。主要程序有起灯、说吉利、盘灯、折古董、开财门、砍五方、扫土地、说春、报子、搬幺妹、参神、玩灯、辞神、盖魁、罢灯。

遵义县花灯具有饱满的激情、激昂的音乐，又有曼妙的舞蹈。剧中花灯音乐、花灯歌舞的恰当运用，使观众通过大开大合的气势和气韵流畅的节奏，在几近完美的艺术享受中体会到花灯剧的魅力。它在人类学、语言学、民俗学、中外文化交流史等学术研究方面同样有很高的学术研究价值。

近年来，各地的花灯戏都面临着与其他传统戏曲艺术同样的困境，剧场演出日益减少，新剧目编排上演困难，年轻一代的编创演出人员后继乏人，采取措施对花灯戏这一地方特色剧种进行抢救、保护已是保护地方文化遗产的一项重要内容。

矮人舞

余庆县矮人舞主要分布在余庆县乌江以北地区的敖溪镇及周边村镇。敖溪镇位于余庆县中部，地处湄、凤、余三县结合处，是余庆江北五镇的交通枢纽，是余庆通往湄潭、遵义的必经之地。敖溪古称余庆司，是余庆文化的发源地。矮人舞在20世纪二三十年代的余庆县农村广为流传，五六十年代达到了鼎盛时期。

余庆敖溪矮人舞源自"傩戏"表演中"矮人神"这一形象。汉武帝拓边屯军，开发西南夷，汉文化就通过巴蜀、荆楚进入今黔北地区，军士的"军傩"，将傩文化也同时带入，逐渐影响着当地乡民的精神文化生活。随傩戏在黔北民间的盛行，傩戏中"矮人神"这一形象在乡民中也越来越受欢迎。"矮人神"在傩戏中担任着开场戏和压场戏的表演，有很浓的喜剧色彩，特别在戏后或戏间，"矮人

传承人在言传身教（李小毛 摄）

神"托筛向众乡民索取灯油费,其模样滑稽,动作诙谐,言辞动人,深受乡民喜爱。人们随之就利用田间地头、堂屋院坝模仿表演。在发展中不断改进矮人形象,不断加入地方文化元素,注入民间的思想情感,使其具有了更深的思想文化内涵,使之形成了今天的矮人舞。明万历时期,播州(今遵义)土司制已岌岌可危,政治上的混乱,经济上的困顿,使民众穷困不堪,"矮人舞"在这时将黔北民间传说《三种人》的内容编进舞蹈之中,以宣泄心中的愤懑。

传说表达的意思是:很久以前,世界上有三种人,即天上的"竹竿人",地上的"扁担人"和地底下的"扫帚人"(小矮人),他们原本平和友好,往来自由,甚至可以互通婚姻。但后因贫富差别,通婚和往来的多是"竹竿人"和"扁担人","扫帚人"则受到歧视,不能再与"竹竿人"和"扁担人"来往通婚,再也不能享受人身自由。民间劳苦民众用"竹竿人"和"扁担人"比喻统治阶层和有钱人,用"扫帚人"自喻,表现生活在封建社会底层的人们,受到残酷的阶级压迫和经济剥削,如同小矮人一样伸不直腰杆,如沦地狱般过着牛马一样的生活,内心强烈的愤怒和不满,就通过"矮人舞",曲折地表现出来。

余庆矮人舞是农民田间劳作之余的休闲舞蹈。在田间辛苦的劳作让人疲惫,当劳作间隙在田间地角或树荫下休息的时候,人们围坐在一起,就地取材开始表演,人们利用背篼这一劳动工具扣于肩上作矮人的头,腹部外露,并用深色泥土画上眉眼口鼻充当矮人的脸,将衣袖下垂作为矮人的手,在众人的吆喝声和农具的打击声中便开始表演,幽默诙谐活泼的舞蹈博众人一乐,亦可解乏。这是矮人舞最开始的表演形式,后经发掘整理搬上舞台,产生很大影响。

余庆县"高矮人舞"(李小毛 摄)

矮人舞独舞由矮人单独表演,群舞由矮人与竹竿人、扁担人共同表演。矮人形象是利用背篼或箩筐这类劳动工具扣罩于人的头胸,作为矮人之头,用小竹篾穿袖当作手,固定于胯,用墨炭或深色泥土在裸露的腹部画眉眼口鼻充当矮人之脸,套以小人衣裤,完成矮人形象设计。竹竿人形象是以两人叠骑,外面套以加长长袍。扁担人形象酷似笑罗汉,戴面具。舞蹈表演时主要舞者("矮人")4~8人,辅助舞者("竹竿人")两组(表演者四人),"扁担人"一人。随镰刀、锄头、竹筒等生活劳动工具敲击出的有节奏的叮当声,舞者通过腿、脚、臀、腰、腹部的舞蹈,表现诙谐、跳跃、激越的民间意向。表演者将自己的腹部一伸一曲、一歪一扭、一蹲一站,就能使矮人的面部表情时而大笑、情绪高昂;时而面无表情、情绪低落、若有所思等,集万般表情于腹部,只要能让人捧腹大笑,借以缓解劳动之困乏,矮人舞的表演目的就达到了。

"矮人舞"还用念白的形式完成舞蹈无法表现的思想情节。"小矮人"与"竹竿人"经"扁担人"说合,喜结良缘。这一情节,表述了生活在地底下受苦受难的矮人,他们追求平等幸福生活的愿望和理想。

余庆"矮人舞"的表演,在清末民国时期也较为普遍。1958年后渐渐消失,1987年经发掘整理搬上贵州文化艺术舞台,被视为贵州民间舞蹈瑰宝。"矮人舞"在沿袭传承中不断根据民间意愿设计矮人形象,清末民初,人们使用生产工具和竹篾等简单物件,完成对矮人形象的重新设计,使之形成并定型为余庆民间特有的艺术形象。

矮人形象作为民间文化遗产具有独特性和唯一性,其舞蹈来自劳动,生活气息浓厚。舞蹈有较高的美学欣赏价值。贵州省人民政府2007年5月29日公布其为第二批省级非物质文化遗产。

仡佬族踩堂舞

仡佬族踩堂舞是遵义县仡佬族传统丧葬仪式中带有祭祀性质的舞蹈。每当仡佬族老人辞世之后,便把死者停在堂屋内,然后在遗体前跳踩堂舞,以此来表示对死者的哀悼和怀念。因在灵堂前跳舞,灵堂又通常设在堂屋内,故名为踩堂舞。

踩堂舞又叫踩台舞。踩堂舞的舞者均为男性,三四人为一组,一人吹芦笙,一人打钱杆,一人摇铃,一人舞丝刀,边舞边唱挽歌。舞蹈时身体微曲,来回跳跃,舞步右脚落地稍重,成蹉步。舞蹈过程主要靠队形的变化来完成。队形变化有"四瓣花""柳穿鱼""梅花阵"等。

仡佬族踩堂舞

遵义县仡佬族踩堂舞主要分布于贵州省遵义市遵义县平正仡佬族乡及贵州境内仡佬族聚居地区,以平正仡佬族乡仡佬族踩堂舞较为完整。平正仡佬族乡始建于1956年12月,是我国建制最早的仡佬族乡,乡境地貌以大娄山山脉南北延伸的支脉为骨架,与峡谷、糟古、盆地等自然组合成高度不同、形态各异的喀斯特熔岩地貌。奶子山以东,地势自西北向东南倾斜,形成梯形台地。从老虎窝向南,经山木垭、山王庙至倒坐坪,为盘水河所切,形成境内最大盆地干溪河坝。乡境内裸露岩山多,森林覆盖率仅为18.45%,自然条件较差,农业生态条件较为恶劣。

踩堂舞的仡佬语名称叫"比夷枚"。最早起源于仡佬族祭祀始祖。传说远古时候,平正仡佬族始祖住在深山老林,一次出山不小心摔下深谷不幸身亡,家里人等了多日不见其回家,遂分头四处寻找,找了七七四十九天,终在悬崖下找到了其尸身,却有老鸹、成篓篓的虫子蚂蚁争相咬食,儿孙们气得暴跳如雷,挥臂跺脚,赶的赶,踩的踩,但撵跑了雀鸟,虫虫又涌来,撵来踩去,让人精疲力竭。幸好有一个咪噜(仡佬语:姑娘)想了个办法,砍来竹竿打起眼吹,踩的跟着踩,既保护了遗体,大家又得到了快乐。随后又将几支竹子捆扎起来,吹响声音更大,效果更好,这就成了仡佬族的芦笙,也就是踩堂舞最原始的舞蹈音乐。再后来,平正的仡佬族将踩堂舞活动用在"打牛斋祭"活动中。

仡佬族踩堂舞主要是用于祭祀活动的传统舞蹈,从最早的祭祀先祖到现在用于各种娱乐,它已成为仡佬族一种特殊的生活习俗。它既是仡佬族对祖先的怀念,对神灵的崇拜，又有他们对幸福生活的憧憬和期望，对美好、富裕生活的理想和追求。其舞蹈动作多用蹉、提、踩、踏、跳、旋等。

当踩堂舞用于祭神仪式时，它的舞蹈显得粗犷、狂热、古朴，而一旦移植于婚嫁与情爱场合，它的气氛又热烈欢快、优美抒情。它是仡佬族传统文化的突出表现形式，寓含仡佬人的信仰、价值取向。

随着社会的不断进步和经济快速发展并长期受外来文化的影响，目前在遵义县只有平正仡佬族乡还保留有踩堂舞舞蹈，但也只有少数人能跳了，面临失传的危险。

苗族斗脚舞

斗脚舞是一项融观赏、娱乐为一体的全身性运动项目，它不仅能提高人体的协调力量、灵敏性等，而且还可以提高人体的心肺功能。舞蹈时，手臂随芦笙节奏配合下肢动作协调摆动，动作节奏感强，韵味十足。通过练习，能有效地提高舞蹈者的运动节奏感、协调性、灵敏性等，培养他们的相互协作精神，具有很强的健身价值。

斗脚舞从种类上可分为两人斗脚舞和四人斗脚舞；从动作类型上可分为碰脚、勾脚、摆脚等动作；从动作部位上可分为脚外侧、脚内侧、脚后跟、脚背、膝盖、臀部、肩部、头部，完整的斗脚舞共有11个动作。斗脚舞动作节奏感强，趣味性浓，简单易学，易被大众接受。

初学者只要用心揣摩，学起来也不会感到困难。斗脚舞是在芦笙的伴奏下，以二人或四人为一组进行表演，也可多人同时表演，人数不限，但基本队形都是二人或四人一组，根据跳舞者的多少决定场地的大小。由此看来，斗脚舞对场地器材的要求不高，没有规定面积的大小和质地，只要一块平整的坝子，能容纳下跳舞者即可。因此，苗族同胞常在自家门前的院坝，随时随地进行比赛或自娱自乐。习水红苗斗脚舞伴奏所用芦笙为六管芦笙，与黔东南苗族使用的芦笙不同，音列为商调式、徵调式。该芦笙声音洪亮纯正，造型美观，工艺精致，具有工艺欣赏价值。

斗脚舞是苗族男女老少在婚庆和节庆活动中常表演的项目，以双数(二人或四人为一组)进行，也可多组共同表演。表演时在芦笙伴奏下跳跃，触动脚膝臀肩头等关节部位，它融体育锻炼和技能观赏为一体。通过走访民间艺人，县文化局，民政局，相关专家了解，近几年来，斗脚舞只在一些聚居的苗族村寨流行，散居的地方苗族青年基本上不会表演了，其原因主要是缺乏相互的切磋交流的平台，同时，外来文化逐步渗入苗族地区,年轻人向往流行文化,对本土文化缺乏认同,乡民越来越多地走出大山务工,也影响了斗脚舞的传承。

苗族传统体育大多都具有一定的娱乐性。苗族人民利用节日和余暇之时,进行各种体育活动,以欢庆丰收欢度佳节祝贺新婚闲暇消遣,将体育寓于娱乐之中,并在娱乐中促进

习水苗族斗脚舞

了身体各方面素质的提高,斗脚舞也不例外。在整个活动过程中,舞者身心得到了锻炼,观者则赏心悦目,怡神享受,欢声笑语不断。苗族人民之所以利用民族体育进行娱乐,是因为人类本身具有强烈的娱乐愿望,但由于环境经济,以及文化等因素的制约,使其不得不在自身的生产生活中寻找并传承那些行之有效的娱乐方法,最终使这些方法保留了体育和娱乐的双重功能。

节日中的斗脚舞

2009年11月在中国遵义黔北傩文化国际学术研讨会的分会场——贵州习水红饰苗族服饰图案装饰艺术展厅,斗脚舞进行了现场展示,吸引了大批在遵参加中国黔北国际傩文化研讨会的国内外专家和学者,更有许多参观者禁不住想一试身手。

斗脚舞中的动作包含着柔韧性和协调性,在舞蹈过程中又有利于参与者增进友谊,但作为一项传统的民族体育运动项目来推广,还应加强其观赏性,队形的设计应符合表演内容的需要,还应新颖、合理、巧妙而有规律,队伍的变化要迅速、自然、流畅。在今后的研究工作中,应注重加强其观赏性与娱乐性相结合,使参与者锻炼身体的同时也吸收到民族文化的营养。可以将斗脚舞作为校本课程引入课堂,因地制宜开展斗脚舞,以简单易学、观赏性高、趣味性高等特点,深受当地苗族同胞的喜爱。

采月亮

"采月亮",踩山,亦称踩山堡,爬花杆,是仁怀市境内后山苗族群众节庆时必不可少的一项融杂技和民族传统体育于一体的传统活动。主要风行于后山苗族、布依族乡,以及长岗、鲁班、坛厂、五马、中枢等镇的部分苗族聚居地区。金沙、桐梓、四川古蔺等县邻近的苗族人民,也有自动来参加活动的。踩山时间为每年农历正月初一至十五日,初一、初五为正期。参加活动的人数各地不一,通常为3000~10000人。

后山苗族"踩月亮"(李小毛 摄)

"后山苗族踩月亮"是贵州省仁怀市后山苗族同胞世代传承的一系列传统体育竞技活动,后逐渐演变为在苗族重大节日上表演的竞技项目,一些细节上有所变化。贵州省人民政府于2005年12月29日公布其为首批省级非物质文化遗产。

"踩月亮"以世代传承的方式记录了苗族先民的一些生活痕迹,特别是在苗族没有文字记录的情况下,为今人了解苗族历史留下了珍贵的实体依据。其高危险性集中体现了后山苗族人民勇敢的民族精神和好斗的民族性格。同时,"踩月亮"作为苗族文化的展示平台向世人传达了苗族文化的独特魅力。其芦笙艺术集中体现了苗族人民能歌善舞的艺术特征,而浓郁的苗族色彩让苗族后辈在不断传承的过程中减少了被其他民族所同化的危机。

"踩月亮"整套活动包括如下项目：①倒立。双肩着地，双脚朝天，其技巧与运动中的倒立相仿，所不同的是表演者在倒立的同时双手紧握芦笙，要不停地吹奏各种乐曲。②滚牛皮。新鲜的牛皮平铺于地面，以头栽于牛皮上，以足着地，身躯悬空，边吹着芦笙，边向前做弧行翻滚旋转，衣着身体均不能沾血。③踩鸡蛋。先将鸡蛋旋转地上，脱去鞋袜，弓足至脚底呈窝巢状，能将鸡蛋容于脚底窝巢内，以脚尖、脚跟着地，然后在上面来回跳芦竹舞而鸡蛋不碎，表面看踩在鸡蛋上，实则踩在地面

"踩月亮"中的倒立环节（李小毛 摄）

上。不同于气功中踩鸡蛋，其难度在于足弓至能容下鸡蛋（已失传）。④肩上乘人。二人合作完成。前一人双手抓住身后一人双足，后一人凭腰力翻立于前一人肩上。⑤翻板凳。长条矮凳上放两碗酒，边吹芦笙边从矮板凳底钻过身体，弓身喝碗中酒后倒退身后。身体不碰板凳而碗中酒不洒。⑥走竹竿。把两张方桌放在地上，相距1~2丈，把一根茶碗粗细的楠竹架于其间。吹奏着芦笙，徐徐从竹竿上跳跃舞蹈而过，与杂技中的踩钢丝有异曲同工之妙（已失传）。⑦旋方桌。两方桌重叠固定，双手抓住上层桌环，翻身翻之上层桌上，在桌上跳芦竹舞毕，倒立将头置于桌边缘，反身一跃落地。⑧爬花杆。将花杆嵌于地呈上，用绳索从三方拉扯固定。花杆高度从10~20米不等，花杆越高，难度越大。因整个过程不系安全带，没有安全措施。倒立用脚夹住杆子，翻身而上杆，一手扶住花杆，一手扶住芦笙吹奏。手紧握花杆，双脚松开，此时整个身体重量皆承于那只手上，身体向上跃起，迅速用腿夹住花杆，手松开，身体伸展，手即抱住花杆，如此反复，爬至杆顶。早先至杆顶后拿了奖品即返，头朝下吹芦笙，蛇行滑下。后来成了表演项目后，为了增加表演难度，开始三人表演，从三个方向迅速上杆顶，在杆顶部表演者要完成一系

"踩月亮"中的爬花杆环节（李小毛 摄）

列的惊险动作(现在表演前都会为表演者购买安全保险)。

"踩月亮"里所包含的各项目均属后山苗族先民在日常生活中争勇比胆而发明的各种方式方法。在历史长河中,这些方法与其祭祀风俗、生活习性相融一体,并逐渐形成固定的比试模式。

在所有的比试方法中,吹芦笙是基本。苗族先民以能吹芦笙边做高难度的动作而自豪。好斗的苗族先民闲来便相互出题目进行比赛。

"踩月亮"中的"走竹竿",是苗族先民在日常生活中发明出来的比试方法。相传两个壮汉在多种题目的比赛里均能按事前规定的标准顺利完成,两人分不出胜负。为彻底分出个水平高低,一方心一横,架根竹竿于山崖,谁能走过去,谁就胜。结果一方通过,而另一方生畏于悬崖放弃比试而败。

"踩月亮"中的"滚牛皮"是在先民祭祀活动中发明出来的比试方法。苗家有打牛祭祀习俗,新鲜剥下的牛皮也成了比试的道具。比试者得边吹芦笙边在鲜血淋淋的牛皮上翻滚,且身上不沾血而胜。没有功夫的人通常会因为牛皮太滑而倒于牛皮上不能完成。

"踩月亮"中"爬花杆"是苗家在节日中的比赛项目。立高杆于平地,花杆上有奖品。在狂欢节庆上,勇敢的苗家男儿争先恐后地按照特定的方式爬上花杆抢夺奖品。

"踩月亮"中踩鸡蛋、翻板凳、旋方桌、倒立、肩上乘人等其他项目也都是苗族先民生活中比试的方法。

这些项目在有了第一人完成后,就会有无数个后来人进行艰苦练习,直到做到。后渐渐成为他们固定的比试方法,在苗融入旁观者芦笙舞表演助兴。

"踩月亮"作为传统体育项目,曾于1981年、1984年、1986年、1999年、2003年分别在北京、新疆维吾尔自治区、宁夏回族自治区等地参加举办的全国少数民族传统体育运动会,先后获得表演项目金牌奖、竞技项目一等奖等奖项。"踩月亮"还相继应邀多次到各地表演,受到各界人士的好评。如今"踩月亮"已经演变成民族符号。2007年春节期间,"踩月亮"代表后山苗族人民通过中央电视台新闻频道向全国人民拜年。

早先后山苗家男儿普遍相传,后由后

苗族老人"踩月亮"(李小毛 摄)

山项姓家族继承世代相传,再师传给王姓。现在由项、王两家世代相传,并开始广为师传。列举如下:

项思维:苗,男,150岁左右(已故);项兴盛,苗,男,130岁左右(已故);项吉州,苗,男,90岁(已故);项吉林,苗,男,95岁(已故);王玉贤,苗,男,77岁;王玉光,苗,男,68岁;王治良,苗,男,48岁;王治友,苗,男,40岁;王治江,苗,男,35岁;陶万根,苗,女,38岁;项永付,苗,男,25岁;项永江,苗,男,27岁;王治鹏,苗,男,22岁;王　叶,苗,女,26岁;陶乾美,苗,女,26岁;张　勇,苗,男,28岁。其中,王玉光是近代主要传承人,王治良之二叔兼师傅。王治良曾参加过各届全国少数民族运动会而获奖,因在赴河南演出的过程中不幸从花杆上跌下摔成重伤,大腿腿骨断裂,无法再进行表演,现任后山乡艺术团团长,负责教授和指导。现今项永付和王治鹏为主要传承人,会大多数技巧。

面对时代变迁和强势文化的冲击,"踩月亮"这一苗家古老的民间活动正面临逐渐消逝的危机。目前,"踩月亮"受到各级部门的重视。2004年遵义市旅游局推出的中国酒都百姓生活游活动中,已把后山乡民族风情及体育节目,纳入重点宣传范围及活动参观内容。同时,地方人才重视"踩月亮"的保护和传承,后山民族中学校长张万军开设了中专班,专门从事民族民间文化的传承和保护,2013年完成首届招生,招生人数30多名。

卷四 传统戏剧

国家级非物质文化遗产

仡佬族傩戏

道真仡佬族苗族自治县地处黔北极地,紧邻重庆东南部,周边分别与重庆所辖南川区、武隆县、彭水苗族土家族自治县及本省正安、务川仡佬族苗族自治县接壤。

道真少数民族信仰原始宗教,崇奉多神。明正德年间的《四川总志》载:"播州形胜:西连僰道,南极牂柯,土地旷远,跨接溪洞,承播珍夷,皆牂柯故地,重山复岭,陡涧深林;风俗:敦厚淳固,悉慕华风,官儒户与汉俗同。惟夷地则椎发披毡,以射猎伐山为业,信巫鬼,好诅盟;燕乐:以铜锣、鼓、横笛歌舞为乐。"清乾隆年间的《贵州通志》所载亦同。

仡佬族傩戏传承人讲述傩戏(李小毛 摄)

道真傩戏历史悠久,渊源古远。傩祭傩戏的神祇、人物、故事多取材于我国上古时代,主要是秦汉之前的神话、传说、历史事件。源和流都比较清楚。"生我之时无日月,长我之时无山川。要问吾神寿几许,先有吾神后有天"的开天辟地之前,宋、元、明、清以后各代,极少入祭入戏之题材。这些题材的内容,主要表明惩恶扬善、抑强扶弱、鞭笞残暴、刺贪刺虐,宣扬忠孝节义、勤谨节俭、忠厚质朴、亲善和睦。言辞生动,浅显易懂,是非分明,入情入理。

道真傩戏,熔祭与戏、庄与谐、文与武、美与丑、雅与俗、歌与舞、鼓与乐、唱与白,以及雕塑、绘画、刺绣、纸扎多种艺术形式于一炉。祭与戏融为一体,祭中有戏,戏中有祭。演出中必须一祭一戏,以祭带戏,相间进行。由于道真法师文化层次偏低(初识字或文盲),祭文、剧本、唱腔、舞步、锣鼓都是前传后教,世代相承,极少后代之人鲁鱼混入者。这就使道真傩戏保持了它神奇、粗犷、古朴、豪放的风貌。

1. 古老的传承

根据有关史料证明,道真傩戏至迟在元、明时期即已流传境内,并与地域文化相融合,不断演进,迄今已有六七百年之久。

2. 多彩的形式

道真仡佬族傩戏的大小形式达130余种,并因坛班各自所属教派不同,而有玉皇教、老君教、淮南教、师娘教的区分,加之与佛、道、清微、儒四教相混融,又形成巫佛合一、巫道合一、巫清合一、巫儒合一坛门结构,而使表现方式更趋复杂性与多样性。

道真仡佬族傩戏传承人张邦宪展示傩戏(李小毛 摄)

3.广博的内容

道真仡佬族傩戏的大小形式均以圆满人愿为目标,凡人一生生老病死的全过程,欲得欲去的愿望,无不有对应的形式;每一种形式也无不将宗教性与艺术性,将神秘性与大众性,将原则性与灵活性溶注其中,其内容便十分丰富。如用时间量度,其全部演示过程,至少需要两个月以上;如以文字做全程记录,至少不低于800万字。

4.丰美的存品

尽管由于历史的原因及傩戏生存环境的影响,道真傩戏文本及道具等实物资料代有流失、损毁,但因傩戏在民众心中有巨大的影响力,所以仍然有丰美的保存。仅傩面具,境内保存有300余面。其精致的造型艺术,和口、眼可动的表现力,更为专家学者所称道。如"双抱耳鱼尾式山王面具"及长达6米的"傩桥图"不仅被《南风》《傩戏论文选》《中国面具史》《中国傩戏傩文化》《傩戏面具艺术》《中国少数民族的假面剧》(日本)等书刊用作封面或在内文大幅刊印,还被有关专家赞誉为"贵州珍品"。此外,民国以前的科仪本和演剧本,仅县民族事务局收藏即达200余部,是其他很多地区所无法比拟的。

5.深远的影响

道真仡佬族傩戏首先影响的是一个古老民族的灵魂。无论对人文、伦理、民俗、心理、音乐、舞蹈、教育等,都是广泛而深远的。其次对国内外学术界也产生了影响。日本、韩国、美国等海外学者频频光临道真考察,并因许多特殊的质素,拓展了学术的视野,而成为探研的化石。

仡佬族傩戏文化既是一种古老的民间原始宗教文化,同时也是充满灵性的艺术文化。而且因以祈福迎祥,圆满人愿为目标,又成为一种充满朝气、喜气、生气的文化。它除了给人以法则,给人以希望,还哺育与滋养、维系着古老民族,既是民俗化了的宗教文化,也是宗教化了的民俗文化。

1949年以前,傩坛林立,全县14个乡镇135个保,多数保有傩坛,有的保有2~3坛,全县共约有100,法师、演员数以千计。一年四季,每逢寿祝、婚嫁、立房、乔迁等喜庆,都有冲傩,最为有钱人家所时尚。20世纪30年代,桃源乡傩坛在仡佬族人韩耀山带领下,赴遵义、重庆等地演出,因而使道真傩戏誉达遵、渝等地。

目前道真仡佬族苗族自治县14个乡镇,均

道真仡佬族傩戏绝技:赤脚过刀桥

有不同程度分布。据初步统计,总坛班达50余个,职业人员630余人。其分布数量由玉溪、三桥、洛龙、旧城、河口等文化相对发达的乡镇向文化相对落后的乡镇呈递减趋势。

然而,随着社会环境的变迁,人们的思想观念发生了极大的改变。面对社会经济浪潮的冲击及各种外来文化的交融,曾经甚为辉煌的古老傩戏也逐渐陷入濒危的境地。

道真仡佬族傩戏

一直热心于傩文化研究的道真民族宗教事务局副局长兼民族研究所所长冉文玉撰文指出,傩文化创造了它的历史辉煌,但是,与任何事物一样,傩文化也难以跳出盛衰相继的历史轨迹。特别是在今天,由于科学技术日新月异、市场经济充分发育,城市生活成为普遍的向往方式,经济利益成为重要的价值取向,实用哲学成为大众的基本信仰,傩文化经受着前所未有的冲击和挑战,衰落与嬗变已端倪初露。就目前来看,其趋势化的发展有如下五大方面:技艺传授艰难化;职业力量分散化;活动区域边缘化;操作内容单一化;表现方式粗疏化。此外,人们认识不足、投入不足,以及人才的缺乏是导致傩戏传承艰难的主要原因。

尽管傩戏的传承面临着众多的困难,但仍有一些热心人士坚持傩戏的弘扬和发展。杨朝宗是道真县道真自治县隆兴镇杉木村的一名普通农民,1966年初中毕业后,一直从事农业生产。因爱好傩戏表演,1976年,便拜本村仡佬族傩坛班掌坛师候少华先生为师,尽得真传。1986年抛牌出师,接掌本村傩坛班,成为掌坛师,30多年来一直从事傩戏表演和技艺传承。面对傩戏日渐濒危和传承后继乏人的现状,杨朝宗十分痛心。他自发组建了道真傩戏艺术团,组织起各位傩戏和其他非物质文化遗产的传承人,呼吁社会各界加强对仡佬族文化的保护。但由于资金的限制,目前傩戏艺术团的运营陷入停滞。对此,他也是一筹莫展,心有余而力不足。只有初中文化水平的他已经搜集、整理本傩坛资料约20万字,拟结集出版。另外,搜集仡佬族民间传说10余万字,并尝试以章回体小说形式编写,目前完成了11回。

和他一样,张邦宪也是一位傩戏传承人。所不同的是张邦宪出生在仡佬族傩戏世家,1969年开始随父张昭朋、伯父张昭月学习,1984年12月,在家举行仡佬族傩坛"抛牌"仪式,正式出师,法名普荣,从此成为独立掌坛师,是道真自治县仡佬族傩戏代表性传承人。与杨朝宗一直坚守传统的傩戏表演不同,张邦宪十分清楚傩戏的发展境地。傩戏要想传承下去,必须加以改革创新。从2010年起,他接受县仡佬艺术团聘请,利用现代音乐、舞蹈技法,重新改编、包装古老的傩戏艺术,使之顺应时代发展,更适合舞台表演,现已编排《山王驱邪》等傩舞5个。他累计参加约20次县内外

仡佬族傩戏:唱山王

大小表演活动,并接受县委宣传部、县文体广电旅游局、县民族事务局等部门,遵义师范学院、贵州民族学院、日本早稻田大学及美国加州地区专家、学者,遵义电视台、贵州民族文化宫仡佬文化摄制组等媒体,重庆邮电学院、贵州大学等高等院校学生的数十次采访、展演活动。但他尽管如此地投入傩戏的传承,也不能不考虑现实的家庭经济条件。迫于经济压力,他的儿子已外出务工,家传的傩戏也面临着后继无人的困境。

个人的力量毕竟微薄,如今政府部门力量的加入使我们燃起了傩戏传承发展的希望。自20世纪80年代中期县民族事务委员(民族宗教事务局前身)成立后,明确专人负责民族文化工作。后又成立了民族研究所。工作中,对傩戏资料的调查与搜集、整理和研究,成为工作的重要内容。同时与贵州民族学院西南傩文化研究中心、日本早稻田大学等国内外知名研究机构合作开展了"出土文物、祭祀礼仪与中国基层文化之研究""中国西南部民间宗教职业集团中流传的萨满教与道教文献研究""中国西南部巫教祭祀仪礼过程与口头传承研究"等国际性合作课题。同时,在县庆、仡佬文化节等重大活动中,都将傩戏表演纳入重要内容,平时也十分注重对傩戏文化的宣传和介绍。非物质文化遗产的概念,以及保护也逐渐深入人心,2008年,道真仡佬族傩戏被列入第一批国家级非物质文化遗产扩展项目名录成为道真人民的骄傲。我们由衷希望借助非物质文化遗产研究和保护的发展趋势,仡佬族傩戏的传承和发展可以焕发新的生机和活力。

省级非物质文化遗产

湄潭傩戏

被誉为"中国戏剧活化石"的傩戏,在西南一隅湄潭得到完好保存,并得到很大发展。湄潭傩戏除保留祭神驱鬼、祈福免灾的含义之外,还被纳入娱乐活动,成为当地村民喜闻乐见的娱乐形式。如今湄潭傩戏还走出国门,广受关注,得到长足发展。这一原始、古朴、独特的戏曲样式,日渐式微,甚至在许多地方销声匿迹,但是在遵义市湄潭县,傩戏得到了完好的保存。

傩戏传承人杨志刚先生(李小毛 摄)

明朝洪武年间,傩戏传入了遵义湄潭县。在这里傩戏得到了很好的保存和发展。在湄潭,村民们常常在堂屋中表演傩戏,所以湄潭傩戏又称"傩堂戏"。参加演出的演员都是当地的普通农民,他们平时劳动,到了过年过节时才聚在一起表演。每逢开演傩戏,周围的乡亲总会喜气洋洋地赶来看戏。大家有说有笑,好不热闹。

傩戏展示(一)(李小毛 摄)

在湄潭当地,傩戏曾经是非常盛行的一项活动。1949年以前,湄潭县抄乐乡就有13个傩戏班子经常到乡间巡回演出。但是随着时代的发展,社会的进步,神的力量逐渐被科学所淡化。科技兴农让丰收光景年年可见,乡镇医疗条件逐步完善让大病小病得到及时有效救治。因此如今的村村寨寨很少举行祭祀活动,傩戏演出的机会自然越来越少。只有等到过年过节时,才会偶尔唱几出傩戏增加一些节日气氛。

如今的湄潭傩戏,前来观看的观众大多抱着凑热闹或是了解传统文化的态度,很少有人愿意学习傩戏。演员年龄偏老,后继乏人的现实情况日益突出。现在参与傩戏演出的演员大都是五六十岁以上的农民,有的甚至是七八十岁的高龄。比起傩戏演出,年轻的人们更热衷于层出不穷的时尚娱乐活动。这就使得傩戏这一古老民间艺术的传承更加举步维艰。抄乐乡党委政府从抢救民间传统文化的角度出发,曾举办过两次傩戏培训班,但由于各种原因,"传人"依旧甚少。能上场演出的依旧是那些年事已高的长者。他们凭着记忆将祖辈口口相传的唱词在傩戏中演绎出来。

傩戏脚本的整理收集也十分困难。傩戏艺人们均是当地的普通村民,识字的

傩戏展示（二）（李小毛　摄）

人很少。因此只能通过他们的口述，零散地收集部分早已流失的傩戏剧情，将其编辑成册，照章演绎。

好在现在很多学者都在关注傩戏，进入当地调查，出版了很多有价值的文章。当地的傩戏爱好者杨志刚老师自己将傩戏剧目唱腔等整理成册，拍摄光碟，为傩戏的传承做出了杰出贡献。当地文化管理部门也比较重视对傩文化的保护，建立了陈列馆，组建艺术团，成立研究会。今日还开办了傩戏面具雕刻艺术培训班，由民间傩艺老人利用双休日授课，湄潭中学学生美术爱好者200多人参加学习。这次文化进校园的培训采用"一带三"的方式，傩戏面具雕刻师杨志刚老先生亲自授课，并现场进行示范。学生亲自操作、构思、制作粗胚、细雕、打磨、作色、喷漆等雕作过程，这种培训为传承我国古老的傩文化，让青少年学生了解传统傩文化的知识，培养傩戏面具雕刻艺术人才，促进湄潭县地方特色文化的发展发挥重要作用。

傩戏作为华夏文明的一个重要分支和载体，在古代，它是人们对美好生活愿望的寄托，是逢吉避凶、沟通神灵的方式。它经历了漫长的历史，一路姗姗走来，如今科学发达，它褪去了神秘的色彩，在人们心中的地位也逐渐淡去。但是它的审美表演和娱乐功能却依然存在。换一个角色、换一种身份，它依旧可以翩翩起舞生机盎然。

政府要把非物质文化遗产的保护放在重要位置上，充分认识非物质文化遗产保护工作的重要性和紧迫性，加强我国非物质文化遗产的保护已经刻不容缓。认真开展非物质文化遗产的普查，建立非物质文化遗产代表目录体系，加强非物质文化遗产的研究、认定、保存和传播，建立科学有效的非物质文化遗产传承机制。各级政府要不断加大非物质文化遗产保护工作的经费投入。很多民间艺人在非物质文化遗产保护上投入了大量财力精力，有的甚至倾其所有。政府要加大对这部分人的资金支持。改善他们的工作环境，为他们的表演提供平台。通过招商引资，加强非物质文化遗产的队伍建设。通过有计划的教育培训和引导，提高现有人员的工作能力和业务水平，促进他们的发展，做到能以戏养戏，搞文化的人也能过上比较富足的生活。

湄潭傩戏（李小毛 摄）

充分利用科研院所、高等院校的人才优势和科研优势，为傩戏的研究发展贡献力量。政府为科研人员、研究学者的实地调研提供帮助，让他们了解非物质分化遗产最真实的状况。专家学者的研究成果又反过来指导傩戏的发展，丰富傩戏的内容，使传承者能更全面更深刻地认识傩戏，从中得到启发，前仆后继地加入傩戏研究保护的行列。

民间艺人在保护非物质文化遗产方面做出了很多努力，他们是值得肯定和褒奖的。如湄潭的杨志刚老师年近七旬，为傩戏的发展贡献了毕生精力，如今还在发光发热。像杨志刚老师这样的傩戏爱好者，是国家公务员退休，有知识文化，能唱能写，所以在傩戏的传承方面贡献很大。但很多民间的掌坛师文化程度不高，没有写作能力，只能靠记忆口头传授，这就对傩戏的传承带来困难。政府要帮助这些艺人保存他们的技艺，如录制光碟、刊印成书等。

大部分传承人年事已高，可以从学校挑一些爱好艺术的学生来传承他们的技艺。不管是场次、舞步还是面具的制作都急需新一代的年轻人来接班。

文琴戏(遵义市)

遵义文琴戏起源于清末民初,起初只是敲击扬琴坐唱,是士绅雅聚时的玩意儿,随参与人的相互切磋研讨和时日积累,逐渐改坐唱为表演,形成了唱腔、器乐、角色都相对完备的文琴戏。士绅的流动,使文琴戏在贵阳、安顺都有爱好者并搭有班子,三地之间常有往来,互通有无取长补短,促进了贵州文琴戏的进步。1953年经文化馆和专业人士的指导,成立了遵义业余文琴剧团,试演了《英台别家》《三难新郎》等剧目。1960年,贵州省政府将文琴戏定名为黔剧,作为贵州的地方剧。1961年遵义地区黔剧团成立,业余文琴剧团的大多数成员都进入剧团工作。贵州省人民政府2007年5月29日公布其为第二批省级非物质文化遗产。

遵义文琴戏在街头巷尾

黔剧,地方剧种,曾名文琴戏,流行于贵阳、毕节、遵义、安顺、黔西南等地区。黔剧是由说唱艺术贵州扬琴搬上舞台扮演而创立的新兴地方剧种,诞生于中华人民共和国成立之初,20世纪60年代被正式命名。它的唱腔,主要是继承发展了文琴民间说唱艺术的传统。它的表演是在吸收、借鉴昆剧等戏曲表演的基础上,又学习当地各民族的民间表演艺术,逐渐形成了自己独特的风格,演员一般比较年轻。

黔剧的前身是贵州扬琴。贵州扬琴,亦称贵州弹词、文琴,是一种以扬琴为主要伴奏乐器,分角色坐唱的说唱艺术。清嘉庆年间,贵筑县的颜词徵,清道光五年(1825年)兴义的张国华等人,曾在诗文中提到贵阳有扬琴的活动。今人俞百巍经过多年的高歌研究认为,扬琴"在清康熙年间就开始在贵州流行,至今已200多年历史"(《关于贵州弹词和文琴戏》)。光绪年间,云南扬琴、四川扬琴、四川清音、湖南常德丝弦等相继传入贵州,促进了贵州扬琴的发展。光绪九年(1833年),王石青、蒋发三、丁小瑞三人在贵阳建立扬琴"三友社",在"文音茶社"里公开演唱。之后,黔西于光绪十一年(1835年)成立"文音俱乐社",织金于光绪十五年成立"庭院乐府",安顺于光绪十六成立"相悦茶社",毕节于宣统三年(1911年)成立"同乡娱乐会",1921年前后,遵义、安顺、盘县、铜仁、都匀、兴义、安龙、独山、大方、贞丰等地相继出现了扬琴班社。经过多年的演唱实践,贵州扬琴逐渐成熟定型。

据《贵州弹词汇编》记载,最早的贵州扬琴唱本是《二度梅》,于光绪十六年由王石青编。

1950年,大定(今大方)县的扬琴艺人为配合"清匪反霸"运动,用贵州扬琴的曲调为秦腔剧本《穷人恨》配曲,用当地方言演出,开创了黔剧的先声。此剧用扬琴、三弦、胡琴伴奏的调子,传达悲喜的剧情,歌曲台词通俗易懂,受到广大群众的欢迎。1952年秋,黔西县扬琴艺人徐有三、封炳坤、李绍芝、魏利亨等,将婺剧剧本《百日缘》配以贵州扬琴唱腔,用当地方

遵义文琴戏传承人

言道白,模仿京剧、川剧的表演、锣鼓,演出获得成功,并取名为文琴戏。尔后,徐有三又将贵州扬琴的传统曲目《搬窑》整理改编成文琴戏排练,在该县武神庙为第一次区乡干部会演出,熟悉的乡音土语引起了观众的共鸣,这次演出被黔剧界认为是黔剧的诞生。

1960年2月中共贵州省委正式将文琴戏命名为黔剧,组建了贵州省黔剧演出团。同年6月,该团带《秦娘美》《张秀眉》《红旗食堂》《女矿工排》《搬窑》《佳期拷红》《葬花》等剧目进京演出,尔后又赴上海、杭州公演,均受到欢迎和好评。

1960年,贵州省黔剧团、遵义专区黔剧团和毕节专区黔剧团,联合排练了《半

把剪刀》《团圆之后》《真主塔》《双玉蝉》等其他剧种的优秀剧目,并创作演出了《山高水长》《人民办案》等现代戏。1965年9月,贵州省黔剧团的《山高水长》,遵义专区黔剧团的《考幺女》,毕节专区黔剧团的《把关》《开锁》等剧,均赴成都参加西南区话剧地方戏会演。

黔剧自诞生到1980年年底,20多年来曾先后创作、改编、移植、上演了大量剧目,其中,改编侗剧优秀传统剧目《秦娘美》,1960年拍摄成舞台艺术影片;创作的彝族历史故事剧《奢香夫人》,在编、导、演、音乐、舞美等方面,都达到新的水平。该剧1979年9月赴京参加中华人民共和国成立三十周年观摩演出,获文化部颁发的创作一等奖,演出一等奖。曾荣获中央文化部戏曲创作、演出一等奖。

丝弦灯

丝弦灯是地方曲艺的一种表演形式之一,起源于宋、元,兴盛于明清时期,主要存在于贵州省北部及湖南省南部地区,而贵州省又在余庆县、凤冈县等地比较盛行,凤冈县只有天桥、峰岩、王寨三个乡镇仅存,唯峰岩丝弦灯传承最好,表演形式完整且内容丰富并逐渐得到弘扬发展。丝弦灯是在茶灯和锣鼓灯的基础上演变而来的。民间艺人把茶灯和锣鼓灯及一些地方民歌中的优美旋律进行加工整理,再配以二胡、三弦等丝弦类乐器伴奏,使其旋律更加优美动听,内容更为丰富。经过民间艺人长期不断的探索、运用而演变成了今天的峰岩丝弦灯。

峰岩丝弦灯在20世纪90年代前的表演仍以老版形式出现,即唐二、幺妹在仍较为原始的旋律中边唱边舞,唱词多为民间十二节气变化及男女青年的爱情、婚姻等内容。

20世纪90年代以后,民间爱好者唐文荣、陆恩运、汤国强等对丝弦灯进行了详细记录和整理,并不断加工、完善,根据时代发展的需要灵活变换唱词,内容多为歌颂现代生活中的好人好事、山乡变化、社会主义新农村建设的辉煌成就等。阵容上除了唐二和幺妹外,恢复了十二花园姐妹,乐器也根据需要进行增加,服饰更为华丽,表演性、观赏性更强。如《蜂岩是个好地方》便以全新的内容,全新的唱词出现在舞台上。

丝弦灯有其自身的特点。其一,有弦乐伴奏。这里说的弦乐专指二胡,不能泛指诸如琵琶等之类的民乐。旧时科技不发达,二胡的弦不是金属线,而是用蚕丝纺

蜂岩镇丝弦灯

织而成的。虽然音质较差,音量不宏,但却为丝弦灯这一名称定下了基调。丝弦丝弦,蚕丝作弦,其意明显。二胡也是自制的。琴筒是斑竹或金竹,琴柱是细叶水青杠、檀木等。琴皮也是自刮的蛇皮,弓是小水竹的。没有马尾作弓线,就用棕丝代替。二胡本来是两根弦,但有的琴师在加工时就做了4根弦,目的是增加音量,烘托气氛。其二,丝弦灯的旋律优美。丝弦灯的曲调丰满浑厚,委婉动听。时而舒缓,时而激越,亦歌亦舞,亦唱亦说(道白),主题明白,氛围浓烈,极富地方特色。给人以清新、悦耳、独特的民间音乐享受。其三,舞扇是丝弦灯表演者的主要演技。扇子的大小要根据表演者身材而

蜂岩镇丝弦灯《迎新春》

定,不宜过小,也不宜过大。过小了,舞不圆;过大了,打不开。扇要舞得既圆又大方,既柔又刚强。做到刚柔并举,缓急适度,大小(指弧度)适宜,才能收到良好的舞台效果。常见的舞扇动作有开扇(又叫启扇)、收扇、打扇、颤扇等。开扇要自然、流畅、优美;收扇要干脆、利落、戛然而止;打扇要刚强、有力(分横打、竖打、斜打等);颤扇要频率快,且均匀。其四,步伐。丝弦灯表演者有规范的步伐。这步伐有四方步、小碎步、进退步、左右步等。大四方步要踩得潇洒、豪爽,给人以优美、豪放

的感觉；小四方步要踩得轻松、均匀、较快，给人以轻松、柔美的感觉。小碎步多用于上场，进退步和左右步多用于原地表演。其五，表演形式。据"老灯班子"们回忆，蜂岩丝弦灯是清末民初时期由河南的一位商人传至蜂岩的。最初是只唱不跳（舞），即一人拉二胡，一人坐着唱。唱古人，唱英雄，唱民间婚姻风俗等。后来变成二人共舞，二人共唱（与东北的二人转相近）。这二人中，一为旦角，一为丑角。旦角即幺妹，丑角即唐二。通过多年的演变，发展为如今的多人舞，多人唱。多人舞中分领舞、众舞；多人唱中有领唱、众唱等。

《蜂岩丝弦灯》历史源远流长，文化底蕴深厚。它将独特的弦乐，适度的打击乐，悠扬婉转的民间小调融为一体，形成独具特色的艺术形式。如今在政府的帮助下蜂岩丝弦灯的传承情况比较乐观。2007年3月31日，以蜂岩完小师生为主要力量，民间艺人参与，在"贵州省首届春茶开采节"开幕式上演出。同年4月参加"多彩贵州"曲艺大赛获第四名。2008年参见遵义市选送中央电视台的地方节目录制获得成功播报，同年5月又走上"星光大道"的舞台。这些都是很多人努力的成果。在县民宗局的支持下，丝弦灯被纳入蜂岩完小的教学中，由民间艺人和学校老师共同支教，还编写了教材。从2007年起，正式以"兴趣小组"的形式组建了师生共同参与的表演队。

蜂岩丝弦灯在蜂岩是群众喜闻乐见的民间歌舞。几乎是家喻户晓，童叟皆知，它的传承与发展对乡村文化建设具有重要意义，能丰富人民的精神生活，促进社会和谐。

马马灯

马马灯，俗称"送瘟灯"，是正安民间历代流传的一种用以驱瘟、祈福、消灾的古老灯戏之一。

马马灯的来源，据说在古时，地方上发生了瘟疫，无药可治，百姓为驱邪避灾、送走瘟神，便扎纸车、纸马，扮成各种神灵和人物，以祈福消灾。马马灯的历史渊源具体始于何代？经查各地的文献史料均无确凿记载，根据当地传承人讲，明代时期马马灯就已在地域出现，清代时则较为盛行。

马马灯自明代在地域出现以来，已融入区域百姓生活中，形成一种地域性的文化现象，成为地方民族文化的组成部分，有着浓厚的地方韵味和特色，具有历史和民族文化双重研究价值；马马灯是地域民族"驱邪送瘟、消灾纳祥"的心理调节剂，

正安"马马灯"（黎成章 摄）

是民族的精神寄托,对研究地域民族心理有一定的参考价值;马马灯唱词通俗易懂,土腔土语,融合了民间小调、神歌、佛歌、嫁歌、圣谕调及端公调等,具有浓郁的地方特色和乡土生活气息,对民族民间音乐的研究具有参考价值;马马灯在融入区域民风习俗时,也融入了当地道巫文化,先民借纸车、纸马、纸灯为驱邪送瘟与道、巫造茅中的瘟船同出一辙,它是道、巫文化与戏剧文化结合的产物,对研究地域民族宗教信仰和道、巫文化有着重要的价值。

自马马灯在民间产生、形成以来,作为民众驱瘟纳吉和消灾的重要方式,备受流传区域的百姓兴崇,百姓每逢家有瘟疾或节庆,都要请戏班来演出,以祈福纳祥,保人畜平安、五谷丰登。

马马灯,其演出流程即内容可分为《报事报灯》《关公送皇嫂》《钟馗盖魁》三个阶段。三阶段演出不断开,且连接为一体演出。演出角色有报事、关羽、甘糜二夫人、车夫、马夫、钟馗等。演出时需13人。其中,后台锣鼓4人,报事1人,车夫2人,马夫2人,关羽1人,钟馗1人,甘夫人1人,糜夫人1人。演出时按各自角色特征与个性分别化装、着装,并配以相关演出所需物件,如报事用的纸扎灯、甘夫人的纸扎车、糜夫人的纸扎马、钟馗用的朝笏和降魔金鞭、关羽用的堰刀等。

马马灯的演出一般在院坝进行,演出时配以锣鼓,其演出程式及内容先后顺序大致如下。

（1）《报事报灯》:报事手挑花灯登场（即出灯）,报灯之渊源,报风调雨顺、五谷丰登。如"一报天上打的天灯,地上打的地灯,太公打的鱼灯,鱼小打的禅灯,张果

"马马灯"的敲打乐（黎成章 摄）

老打的古古灯，十二花娘姊妹打的花花灯，太平马马灯，龙灯狮子灯……"或"一报天上风雨雷电，二报地上风调雨顺，三报五谷丰登，四报贵子贤孙……"等，报完退场，关羽出场。

"马马灯"中的报平安（黎成章 摄）

（2）《关公送皇嫂》：关羽（即先锋）登场，先持刀绕场数周，持刀唱"手执钢刀气昂昂,我今名叫关云长,手执钢刀并朝剑,要到徐州保皇娘……"等词,表明身份和原因。接着陈述"我今开言说一声,真一声,二位皇嫂听分明,桃园结拜三弟兄,犹如同胞共母亲,同在徐州来失散,又在古城来相亲……"叙桃园结义之情,道明保甘糜二夫人到古城与兄长相会。便分附左右兵马请大皇娘上金车,二皇娘上玉马向古城出发。路上边奔波边厮杀,唱"远看翠楼高又高,一层兵马一层刀。腰中钢刀亮堂堂,弯弯曲曲杀上坡。把车推把车推,把车推在八轮桥……"等词,演绎在途中奔波及过五关斩六将之情节,终将甘糜二夫人保至古城与兄长刘备相会,但见古城发生了瘟疫,无良药可治,便请来钟馗驱瘟除魔。

（3）《钟馗盖魁》：钟馗持降魔鞭登场,唱"说我家来家不远,说我无名却有名,家住广西凤祥府,祖籍原是姓张人,爹爹有名张果老,我母杨氏老夫人,我母怀胎十个月,房中生下一文一武两弟兄,大哥提笔管天下,只有吾弟年纪小,元宵会上斩邪魔……"报本家渊源。接着驱瘟盖魁,跳跃撕打降鬼怪,又唱"钟馗盖魁到东方,东方邪鬼走忙忙,你是东方害人鬼,我是东方斩鬼王,为何鬼,斩鬼王,一剑挑你到南方……"等词,盖走五方鬼神后马马灯戏剧演出即完毕。

"马马灯"中的关公故事（黎成章　摄）

马马灯的表现方式是借纸车、纸马、纸灯为驱邪送瘟的载体形式进行,与道、巫造茅中的瘟船同出一辙,乃道、巫文化形态,是道、巫文化与戏剧文化结合的产物,既提炼了道、巫文化的特性,又融入了戏剧文化的内涵,它是特定人文环境作用的结果,既具有鲜明的个性特征,又具有独特的地域性文化特征,也有道、巫文化与戏剧文化相融合的特征。同时,马马灯的演出不使用面具,但为增强演出效果,演出人员按各自角色特征与个性分别采用多种颜色在脸部化装,并着装和配以相关演出所需物件等,以求其演出的真实感和审美效果。

中观阳戏（正安县）

中观阳戏流传地正安县，位于黔北边陲，地处大娄山脉东麓，地理位置：东抵务川县；东南靠凤冈县；南邻湄潭县；西南接绥阳县；西北毗邻桐梓县；北与重庆市南川区相连；东北与道真县接壤。距省城贵阳295千米，距重庆220千米，距遵义140千米。县域东、西部高，中部低，呈"马鞍"型，南北长79千米，东西宽62千米，全县总面积2612平方千米，耕地461.13万亩；境内最高海拔1837.8米，最低海拔458米。全县总人口65万人，除汉族外，有仡佬、苗、土家、回、布依、壮等16个少数民族。

正安中观阳戏（黎成章 摄）

阳戏主要流传区域中观镇，东连务川县，西临流渡镇，南接市坪仡佬族苗族乡，北靠班竹镇。中观历代属正安辖地，距正安县城53千米，住居着汉、土家、仡佬、布依、苗等民族，地域历代承传的民族民间文化以阳戏最具代表性。

正安中观阳戏是地域民间的一种独特的地方戏剧，从演出形式上即分内坛和外坛。内坛为阴戏，以祭祀、酬神、驱邪、消灾为主；外坛为阳戏，主要是演戏，以娱人、娱神、纳吉为主。内坛在堂屋进行，外坛则在院坝搭戏台演出。

戏的演出流程有开坛、迎神、领生、天官排朝、夫妻钱行、私配凡夫、争夫辞夫、孙家搬兵、李天佑考状元、二郎出世、二郎拜师、洪氏生子、二郎认父、桃山救母、聂龙上寿、聂龙聚亲、二郎降龙、骑龙下海、砍先锋、登殿、灵官扫台、造盆、回熟、断愿、

傩戏演出器具（黎成章 摄）

造船、送神、打卦、圆坛、化袱、扫堂等。

其中，开坛、迎神、领生、造盆、回熟、断愿、造船、送神、打卦、圆坛、化袱、扫堂等内容为内坛，系阴戏，以祭祀为主。天官排朝、夫妻钱行、私配凡夫、争夫辞夫、孙家搬兵、李天佑考状元、二郎出世、二郎拜师、洪氏生子、二郎认父、桃山救母、聂龙上寿、聂龙聚亲、二郎降龙、骑龙下海、砍先锋、登殿、灵官扫台等为外坛，系阳戏，以纳吉为主。

傩戏演出时需18人。其中，响乐4人，化装1人，其余13人负责唱演。唱腔有四柱腔、半柱腔、大喊腔、财神腔、扫墓腔、蝉腔、哭丧坡腔、悠明腔、劝酒腔等，主要按人物、剧情、生旦净末丑、老中少而定音。步法有正旦步、丫鬟步、小旦步、四方步、十字步、丁字步、猴步、小丑步、小生步等。

戏在演绎过程中，大量使用面具、道具或化装来展示人物特征、个性和戏的内涵，原始而古朴，极具形象性和可视性，并蕴含着古老祭祀的遗韵。

学孔阳戏（仁怀市）

学孔阳戏是流传于喜头、学孔等乡镇的一种民间戏剧。按农村习俗，以春为一阳之始，加之丰收之后，演戏以庆太平，故名阳戏或太平戏。因当地民间艺人常于春节期间搭台演出，故也称春台戏。

学孔阳戏的音乐唱腔有《巡河大汉》《干支歌》《打鱼调》《平腔》《慢板》《数板》《路调》《喜调》《悲调》等20多种板式和曲调。起调高昂激越,富于变化,颇具民间山歌、花灯调风味。

学孔阳戏的传统节目近百出,大致可分为两类:一类是取材于农村生活,民间传说故事、神话寓言等的创作剧目,如《李冰治水》《三会亲》《种瓜》《打鱼郎》《黄菜叶》等。另一类是根据小说演义和其他剧种的剧目改编或移植的,如《单刀赴会》《哪吒闹海》《柳荫记》《望娘滩》《大战华山》《劈山救母》《打龙袍》等。

学孔阳戏的伴奏乐器以金革为主,有大锣、大小钹、大鼓,马锣、冬子、竹板等。大锣有指挥作用,颇类川剧的围鼓。介头锣经(当地人称锣鼓引子),有《急急风》《中板》《慢板》等近20种,节奏鲜明,音量洪大,紧锣密鼓与轻锣慢鼓交替使用,充分发挥了打击乐器的特点。间亦有唢呐、胡琴等管弦乐器,但使用较少。1949年以前,阳戏演出前,先要祭祀师爷(伏羲)、师娘(女娲)。如遇天旱、水涝,瘟疫流行,还要演出与川主、土主,药王、文昌帝君等神灵有关的剧目,求晴祈雨求平安。

1981年和1990年,县文化局、文化馆曾派人到学孔乡、喜头镇,对春台戏进行发掘、整理,编写成专题资料。1978年以后,学孔乡的民间春台戏剧团常在春节期间,在仁怀、桐梓、遵义三县市交界地区演出;1981—2005年,该剧团还多次到市城中枢演出,深受各界人士赞赏。

卷五 曲艺

省级非物质文化遗产

围鼓

　　围鼓又名"围鼓座唱",由川剧演绎发展而成,其打击乐和唱腔皆与川剧同,不同之处是把舞台表演变为座唱形式。围鼓座唱,俗名"玩友会""同乐会",即是好玩的朋友一同快乐之意。围鼓座唱在正安县的凤仪、安场、庙塘、新州、杨兴等乡镇境内历代流传,始于何时无确凿文献记载,通过民间走访调查考证和传承老艺人口述的传承谱系推算,流传至少已有300余年历史。围鼓的传承和发展,在正安民间曾一度兴盛和繁荣,流传区域当数安场为最。安场境域多平坝,地势平坦,从瑞濠—建政—安场—石井及东坝均为相连坝子,视野广阔,有山原之貌,207省道从南至北横穿全境。

围鼓表演艺术家、传承人霍长伦先生(李小毛　摄)

　　正安县地处黔北边沿,与川南紧接,其地理位置为进出川黔要道。安场镇由于特殊的地理位置,使得商贾云集,客旅来往频频,多家商号、会馆、堂口相继产生,商贸信息交流及社交活动都在茶馆进行,安场茶馆很多,比较有名的茶馆有"六合居""七贤茶社",在20世纪30年代,"围鼓"座唱在安场镇发展非常昌盛,形成了川派艺术和黔派艺术,两艺术团体常分别在两茶馆设茶座竞技,群众层层围观,场面气氛十分热烈。

围鼓座唱从形式分茶馆座唱和红白喜事主家座唱。茶馆座唱是茶馆文化的体现,主要服务于茶馆场所,这类座唱要收取一定的酬劳;红白喜事到主家座唱是一种民间自发性的行为,遇到谁家有红白喜事,便相互组织到主家去打唱一番,大家制图热闹,不收报酬。围鼓座唱不受时间限定,白天晚上均可,但一般晚上居多。参加座唱人数15~20人不等,不搭台化装,只需几张木制方桌,桌上放置小鼓、堂鼓、大钵、大锣、小锣、马锣及胡琴、唢呐等道具。参加座唱的人每人一杯茶,另有数盘瓜子、花生、糖果供打唱艺人食用。参加响器击打的艺人有小鼓手(称统子匠)、堂鼓手、大钵手、大锣手、小锣马锣手,每个打击艺人都听统子匠的指挥,看统子匠的手势击打响器,每样响器击打都有固定的牌子,锣鼓牌子有"水斗""万莲花""寮子""上天梯""左右靠""钓金龟""文武倒板""快慢二流"等近300个,唱腔分高腔、胡琴、弹戏。高腔有"红衲襖""大红衲襖""小红衲襖""青水岭""锁南枝""孝南枝"等近百个曲调。胡琴分西皮和二黄两类,西皮有"倒板""二流""三板""滚板""大过板""立四柱""三尖角"等20多个曲调,二黄有"倒板""二流""三板""扣板""滚板""哀子""夺子"等20多个。弹戏有"倒板""一字""二流""三板""苦皮"等10多个曲调。

"围鼓"座唱开始唱演前,先打闹台排鼓,完后即议戏、分角色,唱演时亦应着"统子匠"的手势和听锣鼓,唱演者应字正腔圆,根据戏文情节的发展,充分运用语言唱腔配合锣鼓表达情感氛围。

围鼓座唱演唱内容多为传统历史戏文,有忠诚爱国的"三尽忠",有惩治腐恶的"铡美案",有宣扬忠孝节义的"古城会""三娘教子",有反对婚姻包办提倡婚姻自主的"三击掌"等群众喜闻乐见的优秀戏目。

围鼓座唱虽是源于茶馆文化的一种表现形式,但在后期的演绎发展中融入了地域社会的日常生活,其形式保留完整,内容丰富,既有历史传承性,又具有文化艺术价值。围鼓座唱当前的传承,现状可以说是很不乐观。由于科技的进步,广播电视的普及,各种文化应运而生,围鼓座唱这种传统的表演形式被逐渐冷落,一批具有围鼓座唱功底的老艺人相继去世,这一独具地方特色的民族传统文化艺术已面临青黄不接、后继乏人的危险局面。自2009年贵州省人民政府将其公布为省级非物质文化遗产保护名录后,地方加强了保护抢救和传承力度,安场镇成立了围鼓协会,时常组织艺人开展以师带徒的传习活动,目前已吸收了部分青年男女进行技艺传授。

"围鼓"现场演示

据我们调查,安场围鼓协会现有老中少成员共58位,但具体的学习人员有27位。围鼓座唱的第六代传人霍长伦是协会的主要负责人,已将近70岁。据霍长伦介绍,目前协会因为没有经济来源,活动经费大多是他本人自垫的。学习人员每周分三批学习,且是免费教学,多学习一些传统剧目,现在也有一些新剧目,多是老调新词。霍长伦对当前围鼓的传承充满担忧,他认为传承困难的主要原因是西方外来文化的入侵使得传统文化氛围不浓厚。另外,目前茶馆已不多见,偌大的古镇缺少文化活动场所。他曾主动召集一些老艺人出山传授技艺,并到学校教学生锣、鼓等乐器,但效果甚微。协会平时也参加一些演出,多为公共义务演出,商业演出较少。传承经费的短缺可以逐步解决,但围鼓受众的减少着实难以解决。作为一种在小范围内传承的地方曲艺,围鼓难以取得和相声、评书、快板等相当的名气和受众。受众的日益稀少使得民间围鼓艺人逐渐丧失了表演的机会,也许他们对围鼓的热情不减,但面对空落落的演出场地,也许他们唱响的不过是对某个时期的怀想罢了。挂在墙上的件件乐器,提醒着他们围鼓座唱曾经的辉煌。调查时,霍长伦老先生为我们展示了几种乐器的使用方式和围鼓座唱的几种唱腔,高亢的唱腔表达着内心的热情和激动,很是感染人。

如今的安场镇已不复当年商贾云集的热闹场面,各地文化的交流亦逐渐淡薄。围鼓座唱以一种独特的形式承载着往昔的荣耀。时过境迁,围鼓座唱也必须进行创新传承,演唱内容可以随时代而变,演唱形式也可以应观众的要求适当调整。围鼓座唱历经各个时期和传承人的发展,也是不断变化的,因此,现在我们也不应拘泥于固有的样态,适时地创新才能有新的活力。

卷六 | 传统体育、游艺与杂技

省级非物质文化遗产

仡佬族高台舞狮

高台舞狮系仡佬族传统体育项目,因借助普通农家饭桌搭建高台,并于其上舞"狮"而得名。

高台舞狮主要分布于道真仡佬族苗族自治县境内大磏、三桥、三江、忠信、旧城、洛龙、隆兴、阳溪8镇及上坝土家族乡和务川仡佬族苗族自治县泥高、正南等少数乡镇。道真仡佬族苗族自治县位于贵州省最北部,地处贵州高原向四川盆地的斜坡地带,属亚热带湿润季风气候,周边分别与重庆所辖南川市、武隆县、彭水土家族苗族自治县及贵州省的正安县、务川仡佬族苗族自治县接壤,全县总面积2156平方千米,辖10镇4乡(含1个民族乡),98个村(居)。务川仡佬族苗族自治县位于贵州省东北部,东界德江、沿河,南邻凤岗,西交正安、道真,北隅重庆彭水。全县面积2777平方千米,人口约44万人,其中仡佬族人口18.5万人,占总人口的43%,境内属亚热带湿润季风气候,冬无严寒,夏无酷暑,气候温和,雨量充沛,水热同季,无霜期长,四季分明。

民间认为,务川高台舞狮最早从四川传入务川县泥高乡商家坝,后传入泥高乡川东坝。民国初年,高台舞狮迅速向周边地区扩散,传入道真、德江、印江等县。高台舞狮的发展经历了花灯—狮子灯—扑地狮子灯—高台舞狮四个演变过程。中华人民共和国成立前直至20世纪五六十年代,务川农村一些较大的村寨仍然有舞狮班子。道真高台舞狮在民间有多种传说,一是关于高台舞狮表演的前一阶段——参香,即"扑地狮子"部分的传说来自三桥镇。传说王母老娘因害眼疾,玉皇大帝差遣扫瘟狮子下凡,于正月初一至十四日期间驱扫五瘟,十五日收回天宫,庆祝愿宵大会。另一种传说来自申氏高台舞狮,与"目连救母"有关。传说目连母亲因生前作恶太多,死后被打入地狱。目连为拯救母亲,便拜孙猴为师学艺,后只身前往地狱寻找母亲,因母亲已转世到王员外家化为一只白犬,目连从佛祖处打听到母亲下落后,便以化缘为名前去王员外家。员外家的白犬原本十分凶恶,但一见目连,却泪流不止,以舌舔舐。目连推定此犬即是他母亲,便向员外化缘,不求金银财宝,

舞狮队准备装扮上场（李小毛 摄）

只要这只白犬，王员外欣然同意。目连便一头担经书、一头担白犬，向佛祖求救，佛祖赞赏目连的孝行，便度他母亲升到天国，封为吼佛狮子。如此看来，高台舞狮的起源与宗教神话故事有关，其旨义在行教化之功，或求吉祥之意。但除行内年长者外，年轻辈对这一传说多已不知。无论表演者还是观赏者，所看重的都是台上台下精彩、惊险的动作。高台舞狮已演化成了一种纯然的体育活动。

传统的高台舞狮表演多在春节期间举行，舞狮队一般在正月初一出门，走村串户，到十四日返回家中，十五日火化狮头后结束。其表演主要有三个角色，其一为"笑和尚"；其二为"孙猴"；其三便是由二人合扮"狮子"。参与者还有四名击打乐器者（鼓、锣、钹、马锣）及一个先行联系的"打牌灯"者。舞狮者所到之处，家家户户必鞭炮相迎，接引到堂屋中"参香"，驱扫邪气，祈保新年吉庆。

高台狮子系用当地硬度高、柔韧性好的金竹扎成。狮身长8尺，用12层皮纸裱糊，然后蒙上淡黄色布，再缀以金黄色的线条，狮头施以彩绘。笑和尚与孙猴子的面具均用12层皮纸在泥作的模子上裱糊而成，同样，面具也要彩绘。高台舞狮班的演出，20世纪70年代以前，分为出"愿灯"和耍"闲灯"两种。出"愿灯"大多是进行酬神消灾祈福求子，祈福表演"跃龙门"、求子则表演"送宝"，"愿灯"只能在主人家的堂屋进行。耍"闲灯"是舞狮班在正月初一至十五期间的演出，由某一村寨的寨老邀约舞狮队到该村寨进行演出，正月十五夜十二点前必须收灯。或是受主人家邀请，贺喜演出。高台舞狮的表演一般穿插在狮子灯的演出中进行，白天演高台狮子，晚上演狮子灯。现在已成为一个单独的演出节目，以贺喜为主。每次演出前，掌坛师傅必须为上台的主要演员分别打卦，卦分阴、阳、圣三卦，只有在阴、阳、圣三卦都打转的时候，演员才能上台表演，顺利为每位演员打完卦后，师傅面向师祖牌位默念祷告语，烧香纸。明为打卦，实则起到调节演员情绪，安抚演员心理的作用。然后开始搭台，搭台即是用大方桌一张张叠成高台，这种大方桌在当地家家都有，是亿佬人家逢年过节摆放酒宴招待贵宾的餐桌，木质坚硬，做工考究，十分牢固。高台有两种搭法，一种是将大方桌一张一张叠成塔形，上下等大，俗作"一炷香"，一种是先在地面摆放3张桌子，二层两张，其上依次为一张，形似宝塔，故称"宝塔形"，所用大方桌，一般六七张，最多时可叠12张，最上一张桌子倒放，四脚朝天，整个高台高7~10米。每叠一张桌子，都要垫上草纸，在垫最后一张桌子时，师傅要为所垫草纸画符,祷告并为演员"藏魂",明看是迷信,实为防滑和稳定演员心理,撤台后,师傅要收好草纸垫,然后"放魂"。舞狮队演出时,最少要8人,一般12人,其中锣鼓唢呐6人,"笑和尚""孙猴子"各1人,舞狮2人,小狮子1~2人。

　　舞狮正式开始首先出场的是头戴面具的"孙猴子"和"笑和尚",舞狮班称为"小头子"。"孙猴子"活泼顽皮,"笑和尚"憨态可掬,作为热场的角色,他们最初的表演只为博取人们开怀一笑,后逐渐成了演出的重要角色。"笑和尚"用各种动作从主人家的堂屋逗出狮子,并逗着狮子绕高台一周,狮子又回到堂屋内。然后"孙猴子"和"笑和尚"开始表演,两人在平台的动作以各种"桩儿"为主,如靠台桩儿、捧手桩儿、观音捧手、跳四桌角、桌上三根桩儿、平台对角桩儿等,其他还有鲤鱼跳龙门、过平台、滚绣球、杨道拐、打马赶路、鳌鱼吃水、蛤蟆拖猴等动作。两人互相逗着上台,到了1米见方的高台,开始高台表演,"孙猴子"和"笑和尚"在高台的表演有徒手表演和借助

高台舞狮中的踩斗

一条长板凳作为道具的表演。两人相互配合,表演各种惊险的动作,这些动作以各种"倒立桩儿"为主,且都有一个生动而形象的名称,如"蜘蛛牵丝""太公钓鱼""黄鹰展翅""猴子捞月""攀岩观景""下岩摘桃""鲤鱼摽滩"等。在所有的动作中,难度最大的有两个:一个是"下岩摘桃",即"孙猴子"以双脚伸出桌外,"笑和尚"以头悬空倒立于其双脚踝处,"孙猴子"猛然双脚一放,"笑和尚"顿往下坠,"孙猴子"迅急并拢双脚托住"笑和尚"的双肩,"笑和尚"的头在"孙猴子"的脚下露出,并作伸手摘桃怡然享用状。另一个是"宝塔冲天","笑和尚"将手脚置于方桌四腿,俯面凌空,"孙猴子"翻上其背,头顶其后颈,身体一伸,脚指蓝天,似宝塔耸立,故名"宝塔冲天"。

　　在人们热烈的掌声中,表演告一段落,整个铺垫完成(以前这时,"孙猴子"要向观众讨喜钱)。锣鼓唢呐再次齐鸣,威风的狮子出场了,当地人称狮子为"大头子"。狮子有一大两小三个,大狮子由两人共耍,小狮子由一人单玩,上台表演的大狮子必须是经过多年训练的两人。群狮在"笑和尚"的引导下,时而左蹦右跳,时而摇头摆尾,时而扑地翻滚,时而腾空跃起,刚柔并济,惟妙惟肖。平地表演完毕,狮子开始上台,狮子上台有翻上、圈上两种上法,翻上即一层一层翻着上,圈上即每层绕桌腿一周后再上第二层。且攀且舞,狮子到大台顶,尽情表演各种动作,或抖毛,或踢腿,或舔脚,或望月,时而威猛,时而温顺,文与武,刚与柔,庄与谐,力与美,

高台舞狮中的"宝塔冲天"

表现得淋漓尽致。狮子的表演高潮在"踩斗",即狮子站在方桌的四条腿上,或进或退,不断变换方位,交换位置,步法灵活,动作流畅,如履平地,从容表演各种惊险、刺激的动作。至此,狮子在高台的表演告一段落,开始边下边撤台。狮子下台有圈下、翻下、倒立滑下三种下法。狮子撤台把桌子一张一张拿下来放在地上排成一条直线,然后在桌子的平台上由"笑和尚"逗着狮子继续表演,这时的表演以翻滚、跳跃等力度大的动作为主。直到"笑和尚"把狮子逗回主人家的堂屋,整台演出才告结束。高台舞狮整套动作共有56个,一台完整的表演通常需要3小时。

高台舞狮是道真和务川境内世代传承的一项民间体育活动。1949年以前更是遍及大小山村。20世纪80年代初亦甚活跃。1992年,道真县玉溪、大礅、三桥、三江、忠信、旧城、洛龙、隆兴、阳溪9镇及上坝土家族乡均有舞狮队,且玉溪镇便有3队。但自90年代后期起,因年轻队员多外出务工,许多舞狮队相继停止活动。现仅有玉溪镇五八村群星组的申氏高台舞狮队,不时应有关方面的邀请或安排参加表演。泥高乡罗家舞狮班是务川高台舞狮的佼佼者,现有演员5人,罗贤康演"笑和尚",罗仕杭演"孙猴子",罗仕海、罗来亮舞上台狮子,罗先强演台下小狮子。其传承基本为家传,至今已传有8代。

传承人在进行高难度示范(李小毛 摄)

道真县和务川县的相关部门也在努力致力于仡佬族舞狮文化的传承。近年来务川县已投入资金10万元,主要用于高台舞狮的挖掘和保护工作。道真县民族事务部门每年组织高台舞狮参加迎春,或民族运动会、文化演出等活动,县内表演达50余次,在道具制作、技术训练、误工补贴等方面累计投入资金15余万元。2007年,仡佬族高台舞狮被列为贵州省第二批省级非物质文化遗产名录。

尽管政府部门的保护热情不断高涨,但高台舞狮传承的现实状况仍令人担忧。高台舞狮生存的空间在乡村民间,而不是舞台表演。不可否认,现代语境下舞台演出可以促进高台舞狮的传播,但其中祈福纳祥的民间心理已不复存在,只剩下简化的形式表演。调查中我们发现,多数出于经济原因和安全因素的考虑,高台舞狮的代表性传承人也在逐渐放弃这项传统技艺,更谈不上后代的传承。目前的演出多是政府部门有组织的活动演出,民间自发的演出几乎没有。保护主体(主要是政府部门)的积极性不能有效带动传承主体(传承人)的积极性,结果不外乎是高台舞狮逐渐进入博物馆和影像资料中,我们再难欣赏到活生生的高台舞狮。窃以为,高台舞狮的传承最重要的是提高民众的思想认识,尊重民间的传承创新,政府可以引导,但不能主导。如此,高台舞狮或许有希望继续民间的传承。

仡佬族打篾鸡蛋

打篾鸡蛋又称打篾绣球。作为仡佬族传统体育项目,自古以来传承于道真仡佬族苗族自治县境内。道真仡佬族苗族自治县位于贵州省最北部,扼黔蜀要道,总面积2156平方千米,辖10镇4乡(含1个民族乡),98个村(居)。全县总人口约34万人,其中仡佬族约15万人。由于山高谷深,重峦叠嶂,交通闭塞,来往不便,加之多民族杂居,如是便构成了民族民间文化生长和传承的特殊地理环境。属中亚热带湿润高原山区,繁茂的竹木,加上仡佬族对竹的崇拜,最终诞生了与仡佬之根——竹有着深刻文化内涵的传统体育竞技运动——打篾鸡蛋。

仡佬族打篾鸡蛋竞技游戏始于何时已无人知晓,有的仡佬人认为起源于南宋。据传打篾鸡蛋可能与民间最早的娱乐活动"鹅抱蛋"(以石块谓之蛋,然后参与者相互抢夺)相并产生,不同的是仡佬族人将石蛋改进为竹编的篾蛋,后尚武的仡佬人又将其与传统的武术、棍术和娱乐活动结合起来,形成了打篾鸡蛋的各种玩法。据南宋朱辅《溪蛮丛笑》载,古犵狫(今仡佬)人有"岁节数日,人赴野外,男女分两

传承人讲述打篾鸡蛋

队,各以五色彩囊豆粟,往来抛接,名飞鮀"的习俗。飞鮀虽与篾鸡蛋有别,其打法,与今道真境内的仡佬族打篾鸡蛋颇为相似。打篾鸡蛋或许正是受其启示,不断演化而来。

道真民间另有一相关传说:相传古时有名叫竹青的仡家姑娘,心灵手巧,善良美丽,深得青年小伙子们喜爱。竹青即向求爱者们提出,谁篾球编得好,打得好,便嫁给谁。众小伙苦练技艺,结果一名叫竹平的青年,不仅球编得好,而且玩球技艺精湛,赢得了姑娘的芳心。从此,篾绣球不仅成为仡佬人爱情的象征,青年男子更将打好篾绣球作为值得夸耀的技艺。打篾鸡蛋便也推广开来。

仡佬族是一个崇拜竹的民族,对竹的崇拜扎根于仡佬族的方方面面。仡佬族古老的民间传统体育运动打篾鸡蛋就体现了这一点,其运动器材是用薄的竹篾片编成的圆球,因形似鸡蛋而被称为"篾鸡蛋"。其制法是:先将竹竿破成竹片,削去里层的黄篾,再将外层青篾破成5厘米左右宽的篾丝,然后把篾丝反复蒸煮使其柔软,再根据使用者需要的大小穿编成球体。球内可装几枚铜钱、石子或响铃,唰唰有声,颇增情趣。球表面还可以涂上各种颜色,宛若彩球,因此仡佬族人又形象地称为"绣球"。篾鸡蛋可大可小,小如鸡蛋,大的则如足球。

打篾鸡蛋是一种方便易行的体育运动,对场地要求不高,只要是稍平整、宽阔一点即可,因此这项运动过去在仡乡极为普遍,逢年过节,劳作之余,农家小院,山间平地,常可见仡佬人男女对阵,老幼共逐,玩这古朴的游戏,场上场下,其乐融融。

篾鸡蛋的打法有多种,常见的有"过河""进缸""打盘子""打呆子"等。打时,人员都分作两队,用手抛、脚踢、木棍直逐等方式运球。

"过河":在场地中间画一条竖线或牵拉一根绳子作为"河界"。用抽签或猜数等方式选择场地和决出发球权后,双方各自用手将球上托、前传,并扣打过"河"。打过"河"并落地,得分,并取得发球权。如此反复,得分多者为胜。

"进缸":在场地的两端各挖一个坑或放一个篮等作为"缸"。两队相互攻防,用木棍等将球赶入或传入"缸"中。攻方球入"缸"得分,对方发球。最后以得分多者为胜。另一种打法是不用木棍,徒手进行。在坝子一角,挖一个比篾鸡蛋稍大一点的坑作为"缸"。甲队站在"缸"边守缸并先发球,乙队则接球进攻。如此双方彼此抛掷击球,如球落地,则乙队要站在落球点向甲方发球反攻,甲方则竭力守缸。

球入缸内则乙方胜出,反之为败。

"打盘子":任意选一场地,各自以踝部或膝部向上踢球,计其次数,多者为胜。

"打呆子":场地中心处先画一条分界线,场地两端对应位置各画一个大圈,作为"呆子区"。两队中各由一人充当"呆子",站在"呆子区"内。其他队员则争传"篾球"攻击对方"呆子"。"呆子"可在"呆子区"内接球或闪避;如被击中且球落地,对方得分。同时更换"呆子",原"呆子"转为攻防队员。凡队员最先轮流当完"呆子"的队为负。

打篾鸡蛋在竞技场

打篾鸡蛋为仡佬族独有的体育竞技,只要有一片较为平整的空地即可进行,最鲜明的特点是将传统武术与娱乐活动相结合,其玩法中包括了踢、抱、抛、打等技巧。仡佬族打"篾鸡蛋"以丰富多彩而特点鲜明的民间竞技娱乐活动体现了仡佬人热爱生活、积极向上、勇于拼搏的精神。它能让仡佬人不分男女老少、尊卑贵贱都可以参与其中,是一种包含了多种运动技巧的体育运动,也是一种承载着大量仡佬族民俗文化内容的民间娱乐活动。1998年获全省第四届少数民族传统体育运动会表演项目金奖。2007年,仡佬族打篾鸡蛋被列为贵州省第二批省级非物质文化遗产代表作名录。

近年来,由于经济发展迅速,人们的物质文化生活水平不断提高,尤其是现在的年轻人在外务工、求学的很多,文化娱乐活动方式多种多样,现在的年轻人大多已不知道有这种古老的竞技活动,只有一些老人会做,其中的一些有难度的技巧亦不复存在,这种传统的竞技娱乐活动已经濒临绝境了。

赤水独竹漂

赤水独竹漂流传于有"中国十大竹子之乡"美誉的黔北赤水市境内的赤水河流域。赤水地处贵州省遵义市西北部,赤水河中下游,与四川南部接壤,是黔北通往川渝的重要门户,素有"黔北明珠"的美誉。赤水以其优越的地理位置,良好的生态环境,丰富的旅游资源,因美丽而神秘的赤水河贯穿全境而得名,更因中国工农红军"四渡赤水"及赤水丹霞世界自然遗产而扬名。

独竹漂的起源地——赤水河畔(李小毛 摄)

独竹漂曾被称为"划楠竹""划竹竿""独竹竞划"等。独竹漂使用的毛竹客居赤水数百年,长期生产生活在漫山的竹海中,食、住、行都与竹子结缘。独竹漂是生活在赤水河畔的人们,从长年累月的生产劳动中提炼出来的,历经上千年的传承发展演变而成的原生态体育活动。

独竹漂约起源于秦汉时期。当时播州盛产楠木,为最好、最珍贵的建筑木材,独竹漂被朝廷所专用。当时朝廷派采木官,到刚刚开始被外界所知的播州原始森林赤水、习水一带采办楠木等。过去赤水河不通航运,楠木又很珍贵,遂每一棵木料委派一人或多人运送,到长江边再绑成排或用船运至江南,转运京城。在漫长的运木工作中，人们逐渐习惯站在独木上撑竿运送楠木，并竞争嬉戏、打闹而演变成为一种水上游戏。长此以往，就将这项活动作为民间娱乐游戏的形式固定下来，称为独木漂。到清初，楠竹发展起来，人们发现用竹比用木料更好，遂将独木漂改成了独竹漂，每年端午涨水时，习水土城的居民和城郊农民就会成群结队，在河里进行独竹漂比赛，如果有人掉水了，就会赢得一阵阵开心的笑声；胜利者则被簇拥着敬酒敬茶，戴上大红花，出尽风头。

赤水河上的独竹漂（李小毛　摄）

1998年，赤水市复兴镇马鞍山发掘的汉晋时期的古崖墓群中，一座墓穴的石棺壁上，有一幅一人双手持竿立于一独木上的石刻图案，后有诗云："茅台斜阳映赤水，残照几叶贩酒船。独竹飞流飘然过，纤夫逆行步步难。"由此可见，贵州独竹漂运动的历史悠久、源远流长。相传，居住在赤水河两岸的赤水先民为了互通往来，常用一根独竹或独木作为水上便捷的交通工具，传承至今已有近千年的历史。1935年，红军"四渡赤水"曾以独竹为舟抢渡赤水河。20世纪70年代，独竹漂发展为纪念"毛泽东畅游长江"和红军长征"四渡赤水"群众性水上体育活动必须参加的表演项目，形成在重大节日期间开展的民间体育活动，并成为与端午节、龙舟赛齐名的表演项目。

独竹漂采用一根大楠竹漂于水上作舟，一人手持竹竿直立舟上划桨，或搏击激流险滩，或悠闲荡舟河面。独竹漂所用的竹子，是大头直径在15厘米以上无扭曲的大毛竹，其浮力足以承载一个人的重量。这种大毛竹要在毛竹林海的深处，水土丰茂的阳坡上才能选到，大的直径可达20厘米左右，高10多米。用作独竹漂时，截取8米左右的长度，无须任何加工，自然风干20多天。划行用的划竿则选用直径约5厘米、长约4米匀称笔直的斑竹或水竹。独竹漂手上竿后就靠这根划竿前行倒退,平衡转向。独竹漂形态美观大方,动作协调连贯。内容有比正划、倒划、转身划、绕弯、滑行、换竿等。

单人、双人、团队均可参与表演或比赛。团队表演队形多变而整齐协调。单人表演动作自由美观,速度快如飞,都融参与性、娱乐性、群众性、观赏性、健身性于一体。

独竹漂手展示独竹漂技术(李小毛 摄)

20世纪末,独竹漂在全国民运会上赢得了金牌。1999年在全国第六届少数民族传统体育运动会上获团体金奖,2002年贵州省民运会与2007年全国民运会上再次获表演金奖。2007年贵州省把此项目定为少数民族传统体育竞技项目,并在红花岗区举办了贵州省首届独竹漂大赛。

在现代文明的影响下,独竹漂的传承和发展受到了空前的挑战,并渐渐失去了生存土壤和社会环境,在现代化和城市化的进程中,像独竹漂这样的民间体育传承人日益减少,不少技术失传。因此,独竹漂的继承与发展面临着很大的困境。

作为一项传统体育运动,赤水独竹漂具有广泛的群众基础。随着赤水独竹漂被列入全国少数民族传统体育运动会竞技项目,当地政府和主管部门对其保护和开发十分重视。每逢端午节,当地政府大同古镇举办竹龙舟节,吸引大量游客前往大同古镇。在遵义市旅游发展大会中,作为独竹漂发源地的大同古镇设立分会场,进行独竹漂的展示与表演。随着独竹漂在第九届民运上亮相,已为大家熟知,通过政府举办的一系列活动,更是提高了其知名度。

游氏武术

游氏武术产生于素有"黔北明珠"之称的贵州赤水的官渡镇。历史悠久、市场经济活跃的官渡镇素有武术之乡美誉。官渡镇产生的游氏武术是武术界的奇葩。

北京著名武术大师李子鸣来信称之为国家的武术宝库。

游氏武术有着悠久的历史,东汉时期著名的医学家华佗所创立的五禽戏拳术是游氏武术的一种拳术套路,是一种模仿虎、鹿、熊、猿、鸟五种动物的奇妙功夫,特点就是动静兼备,刚柔并济,内外兼练,使身体气血运行畅通。1932年,威震一方的年轻武师游树廷慕名定居赤水市官渡镇,授徒习武,对官渡民间武术进行发扬光大。

游树廷生于1900年,祖籍四川泸州。7岁跟随舅父(清朝时泸州著名拳师刘正鹏)习武强身。

13岁时,因刻苦自学四川荣昌著名武师丁淮江拳术,被丁发现以后,十分感动,免费收他为弟子。从此以后,游树廷深得其师与师祖荣昌国术馆馆长彭梓荣共同赏识,精心传其拳术。通过日积月累,悟性极高的游树廷逐渐将僧门、岳门、赵门、杜门、自门、化门、裘门等各大武术

游树廷先生之妻陈素云(李小毛 摄)

门派之精华融为一体,并加以改进创新,逐渐形成一套拳术精湛的综合拳种。22岁时,他与出身武术世家的其父为当地著名武师的陈素云结为夫妻,第二年开始授徒。先后受聘于荣昌北门团局、常联队、训练队、广顺场团局等地任教;其妻陈素云受聘于荣昌国术馆、县女子中学任教,夫妇二人共同授徒上千名。民国二十二年,游树廷夫妇辗转来黔,以教拳行医为业。1932年,夫妇二人定居赤水官渡。曾先后在习水县城民教馆、谢家祠堂、县府女子中学、石笋、程寨和赤水市葫市等地从事武术教学。来自全国各地向游树廷拜师学艺者不计其数,影响极大。1949年以后,夫妇二人加入官渡区联合医院工作,结合武术治病救人。游树廷直至85岁时才退休。其妻陈素云于1984年去世,享年84岁。1985年,北京李子明通过国家武术处认可,并亲书《游氏武术馆》五字送给他本人,游树廷自创武术从此正式命名"游氏武术"。游树廷老先生于1996年3月去世,享年96岁。

游树廷先生数十年生涯长期在习水、赤水等地授徒,其弟子上千,名声响誉全国,影响极大,且多次在全国获奖。1958年,游树廷之妻在遵义武术比赛中获得全能二等奖;1985年12月,在贵州武术挖掘整理时游老先生荣获"三献"一等奖;

1986年5月,在江苏徐州市"全国武术观摩交流比赛"中获得全国武术雄狮金牌奖;1986年,在全国武术观摩大会上,游树廷表演的《达摩劲功》荣获雄狮奖,《中华武术》杂志和《武林》杂志分别登载表演实况(1986年10月《武林》杂志总第61期封二为贵州游树廷表演《达摩劲功》中的"大鹏展翅")。1987年在《贵州省武术观摩交流比赛大会》上获得该比赛仅设四枚金牌中之金牌三枚,银牌一枚。

游氏武术是游树廷融僧门、岳门、赵门、杜门、自门、化门、裘门等诸多门派拳技之精华为一体的独创拳术,共计62个拳术套路。所传授的《达摩劲功》《少林虎爪拳》《五禽戏》《蛇矛枪》《十八投唐棍》属古稀拳种。主要内容包括八大武术门派各自最精华的一段集锦而成的《八段锦》《达摩劲功》《少林虎爪拳》、棍术即《僧门拳》《五禽戏》。游氏武术主要器械有蛇矛枪、梅花枪、花枪、八门金锁枪、钩镰枪、单架棍、双架棍、单刀、双刀、单剑、双剑、凤眼锤等几十种。

如今,游树廷弟子王国明、穆贤荣、朱定英等人曾先后自办武馆招收学员200余人,对游氏武术进行发扬光大。2005年,在游树廷诞辰105周年之际,游氏武术弟子自发组织悼念师父活动,2007年,在赤水市官渡镇政府的大力支持下,官渡镇武术协会于同年12月21日正式挂牌成立。

游氏武术是融众武术门派之精华为一体的,历经千百年来沧桑岁月的发展逐渐形成的一套别具一格的稀有拳种。因此,习游氏武术不但可以修身养性、强身健体、舒筋活血、振奋精神乃至除恶扬善、治病救人,而且优美的拳姿、精湛的拳术,还具有很高的观赏性、娱乐性、挑战性,深得各界武术爱好者的青睐。

游氏武术历经上千年的师徒一招一式口传心授至今,没有任何完整的资料记载,一旦传承人发生意外,该武术将会面临失传。由于现代文化和市场经济影响,年轻人纷纷外出务工,留守家庭人员多为儿童和老人,因此可塑性较高的武术传人人选十分匮乏。故游氏武术处于濒危状况,亟待抢救并加以保护。

游氏武术是不可多得的非物质文化遗产。官渡镇人民政府把游氏武术作为本镇急需保护的非物质文化遗产,专门投入地方资金,制订完善的保护计划,出台强有力的保护措施,对游氏武术拳种、武谱、传承人、主要器械等进行了有效的保护,并定期举办游氏武术培训班,开展游氏武术研讨会,使这一影响极大的优秀民间拳种得到延续和传承。2010年,赤水游氏武术被列入第三批省级非物质文化遗产保护名录。

温水小手拳

温水镇位于贵州省遵义市习水县东部,东临重庆市綦江区,南临仙源镇和双龙乡,西接良村镇和三岔河乡,北抵大坡乡,是黔北地区东出重庆、西进川南的主要交通交汇处,连接黔渝两省市10个乡镇,素有"旱码头"之称。温水镇东至重庆108千米,南至遵义160千米,西至习水县城42千米,北至江津130千米。城镇基础建设和配套设施较完善。被定位为习水县城市副中心、习水东部经济中心、习水东部社会服务中心和习水东部旅游集散中心。温水幅员167.43平方千米,土地总资源1.7万公顷,属典型的喀斯特地形地貌。年平均气温14.1℃,年降雨量1020毫米,森林覆盖率达49%。

小手拳第五路:敞手歌诀(张洪霞 摄)

温水小手拳属峨眉派"字门"武功,是我国武术传统拳种之一。在西南武林中享有盛名,尤其是在贵州习水、赤水、桐梓,四川合江,重庆江津、綦江等川黔渝交界地区流传盛广。

温水小手拳是一套既可以单打独练,又可以两人同时进行对练的近身搏击术。套路动作内容丰富独具特色,特别注重内外兼修和神形兼备的练功方法,主张"练身修心",擅长运用内功和手法技巧对跌打损伤进行治疗。

据小手拳历代宗师和民间传叙,此拳术源于峨眉派"字门"拳术,白眉道长将其弘扬,早年蕴藏于四川省彭水县饶家场饶氏,外号"饶篾匠"。饶因惩恶流隐于江湖,以编竹器为生,尔后下传弟子汪元庭、汪利庭、汪享庭。汪享庭下传弟子王洪顺,王洪顺又师从涂绍武学习中医骨伤科,将武医伤骨科熔为一炉。

温水小手拳可单练又可对练,是不可多得的一种融武术、疗伤为一体的内外兼修的传统武功。

温水小手拳是对古传武术功法技击保留得最为完整的优秀武术拳种流派,可上溯到清末民初,据历代宗师和民间转叙,该拳属峨眉派"字门"武功,俗称"小手拳",弘扬于白眉道长,几经周折,后由王照清传入习水温水,经历代传人上百年的广收并蓄,逐步演化成一个独特的民间传统武术拳种。它主要成型于川黔地域恶劣的自然环境和战事频繁的社会环境中,在温水得到继承和发展,最终形成一个独特的拳种,声扬黔渝川各省。

温水小手拳可用于技术的实用,也适合于群体表演。是目前保留比较全面的民间传统武术套路。

温水小手拳的四要素为"一打力、二打疾、三技巧、四眼力"。至刚至快,唯快无破,其精要特点是多拳法,少腿法,下盘扎实,步法稳健,以拳路多变著称。拳含正气:正乃正气、气乃气度;拳藏刚柔:刚为刚烈、柔为柔巧。讲究以气推力,刚柔相济。

小手拳第七路:总择歌诀(张洪霞 摄)

卷七 | 传统美术

省级非物质文化遗产

通草堆画

通草堆画是遵义具有地方特色的民族手工艺品,以通草为原料。通草是一种亚热带草本植物,为贵州特产。发明者截断其干,从中取出白质纤维,将它制成片,即为通草堆画的原料草片。通草片洁白如玉,结构细密,一幅好的通草堆花既有高雅的雅雕效果,又有中国画的笔触墨意,不管是人物、山水,还是花鸟鱼虫,均千姿百态,各尽其趣,都能给人以充分的艺术享受。通草堆画以药用植物"通草"做原料,采用堆、雕、贴、画、衬五种技法和刻、压、划、刮、刺、凿、破等刀法制作。

创制人左靖、胡佐书师徒创造了素堆和彩堆两大形式,以素堆成就最高,堆造的花鸟虫鱼人物走兽活灵活现如同真物。"鹦鹉闹梅"以雅致的意境衬托和动静呼应的处理赢得"贵州省优质旅游产品"称号。用多层次叠堆手法制作的"遵义会议会址"参加1965年广交会"中国新题材工艺美术展览会"受到好评。1972年,左靖师徒的"遵义会议会址""熊猫"、仿"徐悲鸿骏马图""孔雀""松鹤"五件定型作品正式送广交会展销,引起国际市场重视,备受美国、日本和一些非洲国家的青睐,外商订货额逐年递升。通草堆画既保留了中国画浓郁的笔墨情趣,又突出了明洁秀雅的牙雕立体效果,是遵义工艺美术品的代表。广交会展销期间,中国新华社发文专门介绍了遵义通草堆画的艺术成就。贵州省人民政府2007年5月29日公布其为第二批省级非物质文化遗产。

左靖先生早年师从著名画家黄宾虹学习绘

通草堆画之"红楼梦"

画,在上海艺术专科学校毕业,抗战来遵义定居。1961年,遵义市工艺美术厂从贵州省工艺美术会议上带回两件苏州彩绘平贴画,准备开发这一产品,左靖携徒弟胡佐书,用不到半年的时间模仿成功并全面掌握了通草在不同温湿情况下的使用特性。小批投入生产的同时,左靖又通过厚堆、素堆的手法,创新出具有浅浮雕和高浮雕效果的新产品。黔地良好的植物资源,是遵义通草堆画地方特色的主要保证,其主要原材料"泡桐",是一种药用植物,产于黔西南兴义、望谟一带的阴潮坡地,堆画选用泡桐的茎制成通片,根据创作题材下形处理,对作品的各个部件分别制作,粗、细、厚、薄、宽、窄、圆、曲,都有严格的设计要求。

通草堆画传承人正在制作堆画(李小毛 摄)

若制作彩堆,需将通片染色,素堆则是通过技术手法提高产品的牙雕、玉雕质感。部件制作完毕,按设计图形多层次堆贴后组装。通草堆画在生产发展过程中,又与诸如牛角、羽毛、树干、树皮等材料综合堆塑,这些材料在使用前,需进行特殊处理,防止发霉生虫腐败。素堆,是制作遵义通草堆画特有的手工技艺。它全面利用通草所具有的洁白厚润、富有质感的天然特性,不施色,只根据作品需要在局部做点睛处理,获得高贵素雅的艺术效果,通过多层次的堆积、叠堆造型,使作品具有浅浮雕或高浮雕的立体效果,通过技术手法,产生类似玉雕牙雕的质感效果。

遵义通草堆画题材选择广泛,花鸟鱼虫、人物肖像、历史典故和本地历史文化内容均有涉猎。堆画在帧幅上为适应不同人物、不同场景的需要,制作出不同大小的产品,小的如同书本一般,大的能到两平方米,可供大型公共场所挂展。

遵义通草堆画突破我国苏州等地通草堆画平贴彩绘的传统模式,改平贴为堆贴,改彩绘为素堆,创制了不施色彩、多层次厚堆叠堆手法,画面采用国画笔法,讲究留白,给人以想象空间,它以浓厚的民族艺术风格和精湛的堆贴技艺,赢得国内工艺美术界的青睐。现由于种种原因,这一手工艺术已处于濒危的状况。

卷八 传统技艺

国家级非物质文化遗产

茅台酒酿制技艺

贵州茅台酒厂地处贵州仁怀市茅台镇,位于黔北赤水河上游的河畔东岸,在寒婆岭下,马鞍山斜坡上,位置依山傍水。这里水质好,硬度低,微量元素丰富,无污染。特殊的紫色砂页岩地质结构,土壤为紫色,土质中偏微酸性,空气中弥漫着丰富而独特的微生物群落。海拔400多米,属亚热带季风气候,年平均气温17.4℃。1月平均气温6.97℃,7月平均气温27.9℃。近年,科学研究者发现,茅台酒含有不低于187种芳香成分,茅台酒成品曲中微生物多达300多种。贵州茅台酒股份有限公司董事长、全国著名白酒专家季克良经过30多年的潜心研究和分析,发现茅台酒采用的开放式堆积发酵工艺,空气成分含量作用于发酵质量从而作用于酒的质量。茅台酒厂的上空,飘浮着无数十分活跃的微生物群,其中有100多种微生物直接关联到茅台酒的品质,从而形成赖以生存的独特的大气环境。

茅台镇全景图

茅台酒是世界三大名酒之一,是我国白酒生产的典型代表,大曲酱香型白酒的鼻祖。以酱香突出、幽雅细腻、酒体醇厚、回味悠久、空杯流香持久的完美风格和优良的品质而冠压群芳,被誉为国酒。茅台酒酒度达53°,产于贵州仁怀县茅台镇。酒色纯净透明,入口香馥郁,味感醇厚,余香绵绵,黔省称第一,神州占榜首,酿制茅台酒的用水主要是赤水河的水。赤水河的水质好,用这种入口微甜、无溶解杂质的水经过蒸馏酿出的酒特别甘美。

茅台酒的酿制有两次投料、固态发酵、高温制曲、高温堆积、高温摘酒等特点,由此形成独特的酿造风格。数百年来,茅台酒酿造工艺在继承和发展中不断完善,至今仍完整延用。白酒界专家称"贵州茅台酒技术是最独特的大曲酱香型酿酒工艺,是人类将微生物应用于酿造领域的典范"。作为中华民族的珍贵文化遗产,茅台酒酿制技艺得到了很好的保护和继承发扬,在中国酒文化中占据极为重要的地位。国务院2001年公布其为第一批国家级非物质文化遗产,贵州省人民政府2005年12月29日公布其为首批省级非物质文化遗产。

如果说茅台酒具有独特的地域和特殊的原料是自然天成之作,那么茅台酒独特的酿造工艺就是能工巧匠之妙,可概括为"三高三长一季节"。

茅台酒厂酿造车间(李小毛　摄)

三高是指茅台酒生产工艺的高温制曲、高温堆积发酵、高温馏酒。茅台酒大曲在发酵过程中温度高达63℃,比其他任何名白酒的制曲发酵温度都高10℃~15℃;在整个大曲发酵过程中可优选环境微生物种类,最后形成以耐高温产香的微生物体系,在制曲过程中首先做到了趋利避害之功效。

高温堆积发酵是中国白酒生产敞开式发酵最为经典和独创之作,也是其他名白酒工艺所不具有的。茅台酒高温堆积发酵是茅台酒利用自然微生物,进行自然发酵生香的过程,也是形成茅台酒主要香味物质的过程,其堆积发酵温度高达53℃。通过高温堆积发酵,形成茅台酒特殊芳香物,也通过微生物细胞蛋白产生氨基酸等营养物质。

高温馏酒,蒸馏工艺本身是固液分离的技术,但茅台酒生产工艺的蒸馏与其他白酒完全不同。茅台酒的蒸馏馏酒温度高达40℃以上,主要目的一是分离茅台酒经发酵的有效成分;二是去除发酵过程中的副产物或不利物质或低沸点物质,是茅台酒饮用不口干、不上头的一个重要原因。

茅台酒工艺中的"三长"主要指茅台酒基酒生产周期长、大曲贮存时间长、茅台酒基酒酒龄长。茅台酒基酒生产周期长达一年,共分下沙、造沙两次投料,一至七个烤酒轮次,可概括为两次投料、九次蒸馏、八次发酵、七次取酒,历经春、夏、秋、冬一年时间。

茅台酒大曲贮存时间长达6个月才能流入制曲生产使用,这对提高茅台酒基酒质量具有重要作用,而且大曲用量大,是其他白酒的4~5倍。

茅台酒一般需要长达三年以上贮存才能勾兑,通过贮存可趋利避害,使酒体更醇香味美,加上高沸点物质丰富,更能体现其价值,这是其他香型白酒不具有的特点。

茅台酒工艺的季节性生产是指茅台酒生产工艺季节性很强。茅台酒生产投料要求按照农历九月重阳节期进行,这完全不同于其他白酒随时投料随时生产的特点。采用九月重阳投料一是按照高粱的收割季节;二是顺应茅台当地气候特点;三是避开高营养高温生产时节,便于人工控制发酵过程,培养有利微生物体系,选择性利用自然微生物;四是九月重阳是中国的老人节,象征天长地久,体现中华民族传统文化。

茅台酒传统工艺传承千年。中华人民共和国成立前的茅台酒生产以"华茅"(成义烧坊)、"王茅"(荣和烧坊)、赖茅"恒兴烧坊"为主,1951年,人民政府接管了三家烧坊,成立了茅台酒厂,由曾先后任原三家烧坊名师郑义兴任酒师兼生产技术指导员,使茅台传统酿造工艺得以继承并由五绍彬、李兴发、季克良、许明德、汪华等人传承至今。1949年以前的主要传承方式以口授、师带徒为主。1952年正式成立贵州茅台酒厂后,逐步编写完善了相关的标准、工艺文件等文字资料,确保了传统工艺的继承和发展。经过不断培养并采取了有效的保护措施,现公司酒师、曲师、勾兑技师等工艺技术人员已有400人左右,为茅台酒传统酿造工艺的不断延续发展奠定了良好的基础。

白酒界专家称"贵州茅台酒技术是最独特的大曲酱香型酿酒工艺,是人类将微生物应用于酿造领域的典范"。作为中华民族的珍贵文化遗产,茅台酒酿制技艺得到了很好的保护和继承发扬,在中国酒文化中占据极为重要的地位。茅台酒在调配时,从不加一滴水,都是以酒勾酒。因此酒度低而不淡,纯洁、微黄、晶莹,柔绵醇厚,既不刺喉,又不打头,饮后令人愉快舒畅,荡气回肠,且有舒筋活血、促进健康、益寿延年的功效。

省级非物质文化遗产

豆制品制作技艺

习水豆腐皮制作工艺的历史不是很长,但是习水豆腐皮这个名不见经传的饮食品牌,已经走出了习水,成为贵州省的名优小吃,传遍了贵州周边的省、市。

习水县的大部分乡、镇都高产大豆,并且品质比较好,这为豆腐皮的生产、制作提供了基础。

习水豆腐皮选用优质大豆作原材料,采用旧传统制作工艺,经复杂的程序用手工精心制作而成,具有用料精、工艺细、色泽鲜、口感好、味道鲜等特点。制作出来的豆腐皮色泽白里透黄,保持了大豆的自然色素,被称为绿色食品、放心食品。

习水豆腐皮的制作主要有以下几道工序。

第一道工序:挑选原材料。制作习水豆腐皮的原材料是黄豆,在挑选黄豆时要把握优质、饱满的原则,都是选用习水本土生产的黄豆,挑选好以后,去除黄豆里面的杂质和泥土颗粒。

第二道工序:浸泡黄豆。黄豆挑选好以后,用一个较大的盆子或者木桶之类的容器将黄豆装起来,用冷水轻轻冲洗2~3次,去除里面细小的泥土颗粒、灰尘等杂物,最后将黄豆浸泡起来,通常浸泡时间为1~3小时。

第三道工序:磨浆。黄豆浸泡好以后,用石磨子将黄豆磨成浆,在磨浆的过程中,要加入适量的水,每千克黄豆加水4~6千克。用石磨子磨浆由于费时费力,效率不高,现在一般多数都改用机械设备磨浆,这样省时又省力,效率越高。

第四道工序:过滤。浆磨好以后,就进行加热、过滤。用一块较大的纱布绷在用竹子编成的筛子上,筛子下面放一个较大的盆子,将磨好的浆倒入锅内加热,待温度接近沸点后停止加热,起锅将浆通过筛子倒入盆子里进行过滤,过滤掉里面的豆渣，盆子里剩下的就是豆腐皮的半成品豆浆了。

第五道工序：冷却。加热、过滤完成以后，将温度较高的豆浆分开装入多口盆子里进行冷却。

第六道工序：切片加工。冷却以后，将豆腐皮切成长方形状的成品，长约20厘米，宽约2厘米。这样豆腐皮就制作完成了。

在垃圾食品遍地的今天，绿色食品、有机食品成为人们趋之若鹜的食物。习水豆腐皮，它不仅以自身的品质保证了人们的健康，更重要的是它宣传了一种绿色、健康的理念。

习水豆腐皮现在在习水的夜市上生意非常火爆，并逐步发展成了习水的一个饮食品牌，传到了周边的县、市，今后将会继续传承下去。

皮纸制作技艺

造纸术是中国古代四大发明之一，用竹和楮树皮制作的竹纸和皮纸是传统手工纸的两个重要品种。贵州三穗、长顺、惠水、盘县等地都有古法造纸，都传说继承了蔡伦的发明，都祭奠蔡伦。

草纸塘皮纸技艺流传于务川自治县丰乐镇新场村草纸塘组。草纸塘原名枣子塘，因造纸业兴盛而更名，是一个依山傍水的仡佬村寨，寨子里保存不少上百年的老房和手工作坊。草纸塘地属低山丘陵地形，光照充足，植被良好，溶洞、山泉众多。草纸塘距务川县城约35千米，交通便利，入村公路通至寨前。全组49户，152人，耕地面积436亩，其中田127亩、土209亩。以卢、王为主要姓氏，其他尚有冉、秦、胡、阮、石、严等姓，以仡佬族人口居多，苗族、土家族次之。

构皮树又叫楮树，用这种植物原料所生产的纸称为楮皮纸，是传统手工纸的一个重要品种，草纸塘村民至今仍在沿用的就是蔡伦发明的以植物纤维为原料的造纸法，如《后汉书》中记载，"伦用树皮、麻头及敝布、渔网以为纸。元兴元年（公元105年）奏上之，帝善其能，自是莫不用焉，故天下咸称'蔡侯纸'"。

据草纸塘卢家经单簿（民国十六年）记载：草纸塘原名枣子塘，清道光年间，卢姓从铜仁印江迁入，以造纸为业。光绪至民国初年，因卢家在枣子塘造纸生意兴隆，冉、胡、石、阮等其他姓氏也从印江迁来枣子塘。民国二三十年代，枣子塘造纸业兴盛，家家造纸。1955年对手工业进行社会主义改造中，在草纸塘建立务川县

去枸皮

第一个手工业生产合作社——新场造纸生产合作社,枣子塘更名为草纸塘。1958年新场造纸生产合作社扩大生产规模,修建厂房三间,同时更名为新场造纸厂。1987年厂房毁于山洪,纸厂自动解散。

草纸塘皮纸原料为本地产的枸皮树,用这种植物原料所生产的纸称为楮皮纸,其工艺流程为皮板→胚纸→成品纸。

打皮板

皮板的制作:首先剥取枸皮,成把扎好,用石碾辗砸枸皮,放入河水浸泡2~3天后,取出放入浓度为20%的石灰溶液中浸3~5分钟,然后晾晒2~3天,放入窑子密封用水蒸煮4~5天。取出后放入河水反复淘洗,完全清除石灰水后,再放入河水中浸泡2~3天。然后取出沥干,用纯碱、草木灰与枸皮拌匀,腌渍1个对日,再次放入窑子密封蒸煮4~5天后,取出用河水反复漂洗,清除碱水,然后用水车河碓春料,经过反复春料,就制成了皮板。

胚纸的制作:将皮板切成刀口纸,放入滤箩中滤除刀口纸中的浊水,然后放入装满清水的木槽(木槽长1.8、宽1.2米,用木板隔成一大一小两部分),用细木棒反复拍打至刀口纸与水充分融合形成纸浆后,然后加入化根水(沙根子浸泡液,加入量与纸浆的比例为1:4),用木耙打匀使纸浆成糊状,然后用特制的竹帘子舀纸(竹帘子平均分为三格,每格15厘米×14厘米。竹帘用细密竹条编成,这就要求纸的打浆度必须相当高,这样造出的纸才细密匀称)。舀纸即双手持竹帘两端,在木槽内前后轻轻摇动,使纸浆均匀附着在竹帘子上,舀出的纸即为胚纸。胚纸的质量与舀纸时的手法、力度密切相关,力度不匀、摇动幅度过大,都会造成胚纸厚薄不一。

成品纸的制作:将胚纸叠放在木榨上,绞动绳索,榨干胚纸中的水分,然后将胚纸一张张平摊在"纸背"(一种自制的烘烤设施)上,用猪毛刷将胚纸刷平。然后在"纸背"内膛生微火,焙干后的胚纸即为成品纸,然后成捆打包(一般100张成品纸为一包,当地人称为1"刀"),盖上自己的图章,就可以向外出售了。

一年中以9—10月所生产的皮纸为最好,因为这时枸皮的养分最充分、柔韧性最好。当地人称这种皮纸生产为"舀纸",其生产完全依靠人力和自然力操作。其工艺流程大致要经过21道工序,需要25天的生产时间,使用20余种手工工具,如竹帘子、木榨、滤箩、木槽、窑子、河碓、纸刀、木马、木铲等。

草纸塘皮纸的质量优良,具有较高的韧性、吸水吸湿性、透气性,富有弹性。具有无毒、环保、耐用、防虫蛀、清香味、吸墨性强、不易变色,保存年代久的显著特点。其生产完全沿用古代手工作坊21道工序,传统手工操作,全部采用自然物理的作坊生产方式,具有传统手工皮纸生产的绝大部分特征。草纸塘皮纸除主要作为书写用纸外,还大量用作油伞、纸扇等制作原料,远销重庆南川、涪陵等地。20世纪80年代以前,草纸塘皮纸生产一直兴盛,几乎家家都生产皮纸,鼎盛时,全寨有手工作坊40多家,一年可产皮纸400多万张。

草纸塘的卢家世代以造纸为业,85岁的卢朝武老人是寨子里年龄最大的造纸工艺传承人。据老人介绍,大约在300年前,仡佬先人卢氏,在沿河两岸用枸皮手工造纸。"我13岁就开始做这个活,以前一家10多口人,全靠造纸养活。"草纸塘命运的改变,从1986年开始。"那年夏天涨了一场大水,冲走了河边十几家作坊。"

手工作坊

卢朝武的儿子卢忠平说,从那以后,部分村民开始改行,延续了300年的造纸工艺,遭受第一波冲击。尽管如此,草纸塘特殊的皮纸制作工艺,仍在年轻一代中传承。卢小平为卢家第七代造纸传人。卢小平17岁开始学习造纸,至今已40年,每年生产皮纸约20万张,是当地政府审定的皮纸制作工艺传承人。但皮纸制作业仍在迅速萎缩。

2009年,草纸塘皮纸生产工艺,被列入贵州省第三批省级非物质文化遗产保护名录,以更好地保护这一传统工艺。务川县文化遗产保护中心主任邹进扬认为,草纸塘皮纸制作工艺面临消失,主要原因是市场需求萎缩。"以前土法生产鞭炮用的引线,占草纸塘皮纸销量的一半。"如今,出于安全考虑,多数鞭炮作坊已被取缔,而工业化纸张深入农村市场,也大大冲击了皮纸销售。

空心面制作技艺

绥阳银丝空心面已有200多年的历史,清乾隆时期就有制作。咸丰三年,绥阳进士张昭在北京附近当县令,省亲进京带去空心面分送达官贵臣。一天,咸丰在一大臣家品后赞不绝口,问其来历,大臣如实禀告。事后,张昭奉旨专程到绥阳,责成第三代空心面传人石宗镛精制10挑(500千克)专献皇帝,"条条银龙游碧水、颗颗油珠泛玉波、阵阵清香扑鼻来、口口美味牵肠肚",从此誉为"贡面"。

有相传唐朝末年,本地一李姓殷实富户因匪患而破落,只剩李王氏母子二人经营几亩山地讨生活。后李王氏为儿李实娶了一农家女为妻。年余,媳妇生下一子,但奶水不够,常整夜啼哭。李王氏不惯粗食,加之婴儿吵闹,心烦气躁,因而常对媳恶语相加。儿媳赵三妹为孝敬婆婆,养好儿子,维护家庭和睦,便专心饮食,特用心于面食。其后创造出了"揉、搓、盘、缠、开、赶"的做面工艺,做成空心面。不仅婆婆李王氏有了口福,孙子亦吃得白白胖胖。婆婆逢人便夸儿媳。此事传之乡里,以为楷模,尽相效仿。三妹亦将空心面的技艺授予乡亲。

空心面传承人在拉面(李小毛 摄)

也有说早在元代,这种空心面就已远近闻名,还曾作为贡品进献皇上,称为"贡面"。中华人民共和国成立前,一些来黔的外国传教士很欣赏这里的空心面,并于回国时携带以馈赠亲友,那时,绥阳空心面便已在海外有了声誉,这些传涗自然给空心面蒙上了一层神秘面纱。

可信的是,空心面系纯手工制作,无任何化学添加剂,细小如丝,色白如银,中空,味咸,入锅久煮而不烂,细嚼绵软有劲,细嫩爽滑,并含丰富的蛋白质及多种微量元素。空心面的主要原料是优质面粉和适量的油、盐,用当地的传统加工工艺精制而成。加工时用一种专用的大木盆和面。面和好后揉成细条,从两头各穿入一根小棍,数小时待油盐均匀渗入面中之后,将细条挂在6~7米高的本架上,用双手慢慢向下拉,拉到一定程度,面条内形成空隙自然下坠。晾干后的面条,中间一段格外细,中为空心(两端处为实心,单切下来作为普通挂面包装),即为成品空心面。

绥阳空心面细如发丝,软绵而有劲,入锅久煮不烂,味道鲜美。煮时要比一般挂面多加一倍的汤水,取一小把便可煮一大碗,故又称"膨体面"。清淡煮食,特别适合中老年人、孕产妇、婴幼儿补充营养之用。

油茶制作技艺

土家族、仡佬族油茶是黔北民间的饮茶习俗,尤以凤冈、务川、正安及黔东地区为普遍,凤冈茶饮食习俗是凤冈人民经过长期积累发展形成的一种内容丰富的饮食习惯。

凤冈县位于贵州省东北部,与铜仁地区的德江县、思南县、石阡县,遵义市的务川县、余庆县、湄潭县、正安县接壤。地势西高东低,属娄山山脉向武夷山脉的过渡地带,独特的生态系统成就了凤冈县悠久的茶叶生产历史,同时也造就了凤冈人民多姿多彩的茶饮食习俗。凤冈历史悠久,既受中原和楚文化的濡染,又受巴蜀文化的影响,同时还受西南少数民族文化的熏陶。凤冈县总人口约41万,有土家族、苗族、仡佬族等27个少数民族。特殊的地理环境、人文环境使这块土地汇聚、积淀了丰富的民族生态文化,凤冈茶饮食习俗就是这种文化生态的结晶。

据古籍(《华阳国志·巴志》和《茶经》)记载:凤冈是中国茶叶的原产地之一。同时,又据相关茶专家研究表明,凤冈茶饮食习俗源于药用,而具有祭品、饮料、礼物之功能,应是从春秋战国时期始,公元前316年,秦惠王灭巴、蜀、苴国,又攻楚国,平凡的战争造成人口迁徙流动,茶饮食习俗渐渐传开,凤冈县境处在巴、楚之间,不断吸收与发展,渐成今天的茶饮食习俗。从唐代末期起,土家族、仡佬族等少数民族逐渐迁入凤冈,土家油茶、仡佬油茶、花灯剧种等少数民族茶饮食习俗也随之在凤冈扎根,并与中原茶文化融合,经过长期的发展,形成内容丰富、种类繁多的特色。从20世纪50年代中期起,凤冈县开始发展

凤冈茶饮食(李小毛 摄)

茶叶产业,种植茶园蔚然成风,为凤冈茶饮食习俗提供了坚实的物质基础。尤其改革开放后,百废俱兴,各种茶饮食习俗在凤冈境内又一次兴盛起来。

凤冈茶饮食习俗内容广泛,涉及医药、膳食、茶饮、祭祀、婚俗与日常生活礼俗,在凤冈人民生活中有着不可或缺的地位与作用。一是作为饮食产品。凤冈茶饮食种类主要有清茶、砂罐茶等。清茶:将溪水(或井水)倒入铁锅中,用柴火加热至沸腾,放入自制粗茶(按1克茶50~60毫升水的比例),随即舀出盛在罐中或暖水瓶内,呈茶红色泽,可趁热喝,也可冷饮,冷饮时涩中带甜,最具提神解渴功效。砂罐茶:将一小砂罐置于灶前火塘中疙蔸火边烘烤,罐烤热后,取适量茶叶放入罐内,并不停地转动砂罐,使茶叶受热均匀,待罐内茶叶"啪啪"作响,叶色转黄,发出焦糖香味时,立即注入冷水半罐用旺火煨,沸腾时,再向罐内加冷水至八分满,再煨,直到又一次煮沸时,略略除去表面泡沫,即用茶杯(或碗)分饮。滋味苦涩,故又谓之"酽茶"。

仡佬族人在制作茶饮食(李小毛 摄)

油茶汤的具体做法是:点燃柴火,待锅底发热,加入菜油,烧辣后煎炸荞皮、米花、黄饺、提饺等。留下适量菜油,并加入猪油将花生米下锅炸香炸脆,然后起锅备用;将黄豆下锅炸香,茶叶下锅炸黄,再倒入炸好的花生米,加水煮。稍煮片刻,即用木瓢在锅内擦磨,稍干,再加少量水,用微火煎熬,反复擦磨。如此反复多次,直到成浓稠状时舀起,冷却后成为茶膏。要吃油茶时在锅内放猪油,分取适量茶膏炒出香味,加水煮沸,酌量放入盐和花椒面,与荞皮、米花等配食一起食用,俗称泡茶小吃。

凤冈土家族茶饮习俗是凤冈人民生活中不可或缺的组成部分。山里山外,城镇、农村,人们的生产劳动、生活习惯都与茶息息相关,其是在对中华传统茶饮食习俗不断吸收、传承与发展的基础上形成的一种饮食风俗。但从20世纪90年代起,凤冈农村青壮年人外出务工成为一股潮流,大规模的外出务工给民间传统习俗带来两方面的影响:一是民族民间习俗缺乏传人,出现断层。因为出去的都是有文化、有思想的青壮年,他们本应是传统习俗的当然传承人。二是到城市和发达地区务工的人很快在异地接受新潮文化,背离家乡传统,对传统茶饮食习俗的习惯依赖与心理依赖逐渐减弱。同时,凤冈茶饮食习俗传承的环境、受众、表现形式,甚至内容都发生了变化。同时,当现代文化汹涌而至时,凤冈传统习俗同样受到强烈冲击:婚俗等民俗活动的繁文缛节越来越简略,营造茶饮食习俗的气氛、环境的民间文娱活动日趋减少,即使偶有为之,人们也有意无意简化程序,很难完整地再现茶饮食习俗鼎盛时期的原汁原味。

晒醋制作技艺

赤水晒醋产于森林覆盖率在76%以上的赤水市。赤水地处贵州遵义西北部,赤水河中下游,与四川南部接壤,是黔北通往川渝的重要门户,素有"黔北明珠"的美誉。赤水得天独厚的气候,肥沃的紫色土壤,繁多的野生植物,富含多种矿物质的纯净水质,精密的民间手工酿制技艺,千年活态传承,使该晒醋唯一赤水拥有。赤水晒醋有180多年的生产历史了,古代既已名声远播,享誉千家万户,如今又多次经过省级、部级质评,获"中国名醋"殊荣。

赤水晒醋(李小毛 摄)

赤水晒醋历史悠久,据史料记载,赤水先民很早就有食醋的习惯。1998年,赤水复兴镇马鞍山出土的汉墓群中,就有保存完好的原始晒醋罐。赤水至今还有周、王、鲍三姓族谱家书中清晰地记载,明朝万历9年(1581年)间,族人居住大洞场(今大同镇),长年累月在赤水河上以打鱼为生、有食鱼食醋之史。究其原因,晒醋能软化鱼骨,放适量的醋和糖烹饪鱼更是美味佳肴,传承至今,俗称糖醋鱼。道光年间,多家客商落户赤水,但唯有在城内"源隆顺"商号请来技师对流传于民间的赤水晒醋手工酿造技艺进行发扬光大,创办晒醋厂,所酿晒醋酸味醇正,香甜爽口,用楠竹竹筒去青熏干盛装,外贴醋标,每筒重0.5~1.5千克不等。畅销川黔,供不应求。后来,相继出现"富生荣""同心永""永盛""富源""华昌""顺成"等10多个商号兴办晒醋厂,并吸收部分地方上名声响亮的人物参股以扩大影响。当时留下了"商家聚赤水,晒醋数第一"之说。建厂最早的"源隆顺",群众评价最高,声誉最好。民国年间,在贵州省第一次实业展览会上,赤水晒醋就获了甲等奖。以后数十年间,赤水晒醋厂在保持传统工艺的基础上,不断扩大生产规模,改进生产技术。

赤水晒醋一直保持着传统的工艺生产,采用固体发酵繁殖产生天然醋酸菌。醋坯和成品醋均经日光暴晒,故称"晒醋"。

晒醋装箱(李小毛 摄)

赤水晒醋酿造工艺精湛复杂:优质大米的精选、蒸煮、拌醅、室内发酵、浸淋、日光曝晒、产品后熟、灭菌等工序,具有典型的地方特色。采用民间传统技艺,将麻黄、桂枝、白芷、杏仁、响铃草、过路黄等几十种名贵天然中草药配制成醋药,将一定比例的醋药放入无污染的精选大米粥内发酵成熟,再加入大量麦麸搅拌入槽,盖上熏杀无毒的干净稻草,每天上下午经人工翻拌,产生高温到逐渐冷却,再装入特制的晒醋缸内，经过日光曝晒成熟后，取出醋坯装入过滤缸中，加入适量清泉水浸泡滤出醋汁，再经日光曝晒成一定浓度的成品醋等过程。整个生产周期，要经过两三年才能成形，曝晒三个夏天后酿制的晒醋质量最佳。赤水晒醋采用固体发酵繁殖产生天然醋酸菌，醋坯和成品醋都经较长时间的日光曝晒而成，故称晒醋。赤水晒醋独特的中草药配方，精密的传统酿造技艺，使赤水晒醋在经历了上千个沧桑岁月后的今天，仍备受消费者青睐，名扬遐迩。赤水晒醋好在一个"香"字，绝在一个"药"字，妙在一个"晒"字。赤水特殊的低海拔地理位置，气候十分炎热，日照周期长，经过曝晒的成醋吸取了日月之精华，因而酸甜适度，浓香四溢，回味悠长。

赤水晒醋具有色、香、酸、醇、浓的特点，观之色泽柔和，酽如菜油，食之香甜可口，回味绵长，嗅之浓香清爽、沁人肺腑。赤水晒醋用途十分广泛，具有很高的食用价值、药用价值、工业价值等。中医常用赤水晒醋炒香附子用于疏肝理气；炒五灵芝增强止血散瘀功能，还可除腥味；炒乳香增强活血止痛、收敛生肌等。赤水晒醋具有清热、降压、解暑、解毒、醒酒、减肥、止痢、增加食欲、软化血管等价值，广泛用于美食、医疗、保健、美容等方面。总之，赤水无数90岁以上高龄的老人，问其养身之道，都有常食醋的习惯。

赤水晒醋醋坛（李小毛　摄）

赤水晒醋具有色、香、酸、醇、浓，能长期保存的特点。色泽柔和、酸香爽口、回味绵长。有很高的工艺价值、文化价值、科研价值、食用价值、药用价值等。是繁荣赤水经济的纽带，是上千年赤水人勤劳智慧的结晶。1930年获"贵州省物产展览会甲等奖"，1984年获"贵州省优质产品奖"，1988年获"中华人民共和国商业部优质产品奖"；理化、质量、浓度、色素等各项技术指标达到并超过国家商业部颁一级食用醋标准。

随着科学技术日新月异飞速发展的今天，传统手工技术面临失传，传统的民间手工制作面临被现代化的高科技生产取代的危机。赤水晒醋的发展史，是一部见证赤水经济发展、社会进步的史书。所以，赤水晒醋民间手工酿制技艺，是急需保护的非物质文化遗产。2010年，赤水晒醋被列入第三批省级非物质文化遗产名录。

遵义红茶制作技艺

遵义红茶是一种传统工夫红条茶,属贵州十大名茶之一。其传统制作技艺复杂而独特,每道工序都为手工操作。主要包括采摘鲜叶—自然萎凋(摊叶)—翻青(翻叶)—搓揉(紧条出汁)—解块—发汗(发酵变红)—高温锻红(毛火散条)—复揉(紧条)—炭火烘烤(散条、干燥)—摊晾(散热)—复火提香—瓦缸储藏(在瓦缸内用木炭或石灰垫底)—拣屑(去片末)—包装(皮纸封袋)等流程。

贵州红茶(曹裕强 摄)

遵义红茶传统制作技艺项目区主要位于遵义市湄潭县境内。

早在唐代,茶圣陆羽在其撰写《茶经》中就有湄潭产茶且味美的论述。南明永历六年(1652年)湖广巡抚胡钦华隐居湄潭客溪,将家居附近茶叶采摘加工成红茶等出售,被视为湄潭红茶传统制作技艺的雏形。清乾隆年间,湄潭随阳山人陈天禄(1782—1812年)按此技艺制作红茶销往外地。清同治年间,湄潭大庙场杨氏家族按此技艺从事红茶生产。清末民初,杨氏后人杨秀财(1914—1997年)以茶为业,按此技艺加工制作红茶销往遵义等地。清代至民国时期,湄潭随阳山、大庙场、土塘等古茶区民间就一直有制作红茶的传统。1940年4月,民国中央实验茶场落户湄潭期间,在湄潭民间传统红茶制作技艺的基础上,进行改进和提升,试制出近代贵州重要的一款名优工夫红条茶——湄红,经中国评茶大师冯绍裘先生用当时中国最优的安徽祁门工夫红茶对照审评认为"品质不若祁红之优异,制造得法或胜于祁红"。中华人民共和国成立后,贵州省湄潭实验茶场在此制作技艺的基础上又研制出具有特色的红茶——黔红、湄潭红茶、贵州红茶等。2006年,湄潭茶人充分开发黔湄系列国家级无性系良种,在以上传统红茶制作技艺的基础上进行改进,研制新创了又一款具有特色的名优工夫红条茶产品——遵义红茶,受到张天福、陈宗懋等茶届泰斗和消费者青睐,首次参加名优茶评比即获广州茶博会和上海茶博会金奖。

遵义红茶传统制作技艺是湄潭乃至贵州红茶加工制作方式的重要遗存，也是湄潭乃至贵州历史红茶文化在当代活态的重要见证和得以传承延续的重要载体，对研究湄潭乃至贵州红茶加工制作方式的发展历史和湄潭乃至贵州红茶文化都具有十分重要

采茶

的价值，对促进当代湄潭乃至贵州红茶加工制作方式的提升又具有十分重要的现实意义。

遵义红茶传统制作技艺自产生以来，就以其独特的流程与手法，加工制作出品质优越的民间红茶，后又在此基础上研制出湄红茶品，使湄潭成为继云南顺宁试制滇红后中国西部又一个工夫红茶生产和出口重要基地，并成为抗日战争时期贵州主要的出口茶叶产品，在当时就产生了一定的影响。后经过不断传承和改进，制作出著名的黔红、湄潭红茶、贵州红茶及遵义红茶等出口，使一代代的红茶产品均成为品质优越的名优产品，为湄潭乃至贵州茶叶的发展做出了巨大的贡献。

茶叶筛选（曹裕强　摄）

1939年民国中央实验茶场落户湄潭后，在湄潭民间传统红茶制作技艺的基础上，经改造和提升，创制出了近代贵州重要的一支名优工夫红条茶——遵义红茶前身——湄红。后经过不断改进，先后制成黔红、湄潭红茶、贵州红茶、遵义红茶等名优茶产品，并将其制作技艺通过一代一代的制作师傅传承了下来。

遵义红茶传统制作技艺过程的基本内容主要包括如下。

采摘鲜叶：选择在晴天，通过手工采摘单芽，品种主要为湄潭苔茶等无性系

良种。

自然萎凋：将茶青均匀撒在竹席或萎凋架的竹盘上，在阳光作用下进行自然萎凋。

翻青：在萎凋的过程中间翻拌2~3次。

搓揉：在茶青适度萎凋后，放入揉筛搓揉至茶条紧卷，茶汁溢出。

发汗：即发酵变红，就是将揉捻适度的茶坯置于竹篓内，上盖厚布，布上适当洒些清水，放置在阳光下，经过一定时间后茶坯呈红褐色，并带有清香味。

高温锻红：即用铁锅进行毛火散条，当锅温达到一定要求时，投入发酵叶，用双手迅速翻炒3分钟。

炒茶（曹裕强　摄）

复揉：将翻炒下锅后的茶坯趁热放入揉筛内，进行复揉，使回松的茶条紧结成型。

炭火烘烤：将复揉后的茶坯抖散摊放在焙笼上，并将焙笼放在炭火盆上进行烘干。然后摊凉散热。

复火提香：将烘干后的茶坯冷却1小时后重新放在炭火盆上提香。

拣屑：用竹筛拣选，去除片末。

储藏：在土制瓦缸里用石灰或木炭垫底，将制作好的红条茶放置在上面进行密封保鲜。

包装：最后用牛皮纸封袋，再加外包装。

遵义红茶传统制作技艺是湄潭乃至贵州红茶历史加工制作方式的重要遗存，也是湄潭乃至贵州红茶文化在当代活态的重要见证，对研究湄潭乃至贵州红茶加工制作方式发展历史和红茶文化具有十分重要的价值。

湄潭手筑黑茶制作技艺

湄潭手筑黑茶制作技艺项目区主要位于遵义市湄潭县境内。湄潭地处唐代陆羽所著《茶经》中提及的夷州古茶区,在元末明初,湄潭境地皆为人口为土著人仡佬、苗族住居,由容山长官司所治,隶属四川播州杨氏宣慰所领。容山长官司将湄潭所产毛尖、眉尖细茶上缴,由播州宣慰作为"方物"上贡。与此同时,容山长官司学得四川紧压茶(砖茶)工艺,这是湄潭黑茶制作的开始。后经明代屯兵(汉人)和清代茶商对黑茶工艺的逐渐演变,最终形成手筑黑茶的传统工艺流传至今。湄潭手筑黑茶,其外形紧结平正,厚薄均匀,砖面光滑,色泽青褐,内质香气纯正,滋味醇和。其传统制作在湄潭毛尖制作的基础上吸取川、渝、康砖茶制作手法,技艺流程主要包括采摘鲜叶—分级(选料)—去杂(去除杂质和老叶)—蒸青(杀菌、杀青)—粗制(揉捻)—渥堆(首次发酵)—陈茶熬汁(与新茶搅拌)—剁碎(切细)—二次渥堆(二次发酵)—手筑(装入模具成型)—烘干发花(三次发酵)—包装等。

湄潭手筑黑茶工艺,于晚清为鼎盛时期。清同治光绪年间,兴隆镇大庙场、复兴镇随阳山一带的茶商,采用蹓板茶叶加工将粗茶蒸、馏蹓、筑,自然发酵而成。1939年民国中央实验茶场选址落户湄潭后,在古茶区大庙场设点,收购茶青试制湄红、湄绿成功的同时,还试制了砖茶。是年,毕业于金陵大学农艺系的徐国桢受场长刘淦芝邀请,来湄从事茶叶科研生产工作,尤其注重砖茶的发酵研究,并撰有论文《砖茶黄霉菌的发酵作用》。20世纪50~70年代,国营贵州省湄潭茶场在生产出口红茶和湄江茶的同时,也生产手筑黑茶销往内蒙古一带。20世纪70年代,湄潭核桃坝村支书何殿伦在本土开创手筑黑茶加工厂。2005年,贵州湄江印象茶业有限责任公司入驻核桃坝村,使手筑黑茶传统制作技艺得到改进和提升,扩大了生产规模,生产出独特的手筑黑茶产品。在2006贵州省第二届茶文化节上,贵州湄江印象茶业有限责任公司的手筑黑茶获优质砖茶"拓展奖",为湄潭茶叶的发展做出了巨大的贡献。

湄潭手筑黑茶制作工艺,起源于元末明初,成型于明代中期,经晚清时期湄潭茶商的工艺改进,兴旺于清末民初。其加工工艺原始古朴,反映了湄潭古茶区茶人的智慧,是贵州少有的非物质文化遗产。

切茶（曹裕强　摄）

装入模具筑形（曹裕强　摄）

湄潭是唐代茶圣陆羽所著《茶经》中提及的夷州古茶区，元明时期，由土司容山长官司将本地所产茶叶交播州，作为"方物"上贡朝廷。清康熙《湄潭县志》和清光绪《湄潭县志》皆有产茶的历史记载。清代至民国年间，兴隆客楼、大庙场、复兴随阳山有茶贩数十人，收购茶叶，重新加工制作手筑黑茶、毛尖或眉尖，销往周边县市。湄潭民间所产之茶以广泛分布的湄潭苔茶为原料，分别制作毛尖、眉尖、手筑黑茶和其他虫茶等。

湄潭手筑黑茶制作技艺最早追溯到元、明、清时期，主要利用湄潭民间传统制作技艺，吸取川、渝、康砖茶的制作手法，全部采用手工。独特之处在于原材料广泛，不受茶青的鲜嫩限制。成品粗毛茶由茶商进行溜板揉捻、发酵、剁碎、筑盒、储藏、发酵而成。

湄潭手筑黑茶制作技艺，是湄潭乃至黔北茶叶加工制作方式的重要遗存，也是湄潭乃至贵州黑茶文化在当代活态的重要见证，对研究湄潭乃至贵州手筑黑茶加工制作方式发展历史和绿茶文化具有十分重要的价值。

民间纸扎技艺

纸扎，又称扎纸或扎彩，是正安民间历代流传的一种传统艺术形式，从用途上划，即分为用于喜庆和丧事两类。在喜庆节日时扎制戏台、彩门、龙、凤、舞具、各类灯彩、烛花及观赏性鱼、螃蟹、风筝、蟋蟀、蜈蚣、龙舟、龙头、狮头、牛头、马面、白鹤等纸扎品。丧事中用的则是冥器、冥物类纸扎品，如冥屋有一至七口井、三滴水、走马转角楼、宫殿等；神话人物有鬼王、库官、城隍、夫头、金童、玉女、观音、善财童子、开路先锋、四大天王等；执事品有大旗、乾隆、引吊、龙幡、花幡、金银山、金珠伞、接引幡、柜子等日用器皿及供品冥器。

纸扎原料是竹篾和彩纸，水竹、毛竹、丹竹、龙竹、绵竹皆可，纸的品种较多，常用的有皱纸、光纸、手工纸、金银纸等。其技艺流程分整平竹节骨、破竹、起篾、制作形状蔑、纸缠蔑、搓纸捻、扎制骨架、裱糊、走金线条、彩绘、装饰、组装十二道工序，从劈竹条始至组装，每道工序全系匠人手工操作。

正安纸扎（万林金 摄）

纸扎有着悠久的历史和丰厚的文化内涵，源于古代宗教祭祀和丧俗活动，由明器（冥器）演绎发展而来，宋史载："古之明器，神明之也。今之以纸为之，谓之冥器。"自纸扎产生以来，在社会历史发展进程中经过不断完善，不仅作为丧俗的主要内容，并融入一些喜庆节日之中，形成一门独特的艺术，广泛活跃于民间。

正安的纸扎品用途广、花样多、品种全，技艺融扎制、剪纸、泥塑、彩绘等为一体，其特点是造型逼真，色彩缤纷，富丽堂皇，极具民俗意象性和创造性，同时具有很强的审美性；纸扎产生至今已有千余年，在地方始终贯穿于祭祀、丧俗、喜庆活动之中。它是地域民族生活与审美相结合的产物，不仅仅是一门独特的民间艺术，也是民族民间文化的载体，并承载着不同地域、不同民族的传统文化信息，具有民族学、人类学、地域学、民俗、宗教及艺术的多重价值，对研究地域性民族民间文化、民风习俗、民族信仰、民间艺术及民族心理等都有积极的作用。

正安古为"蛮夷"之地，是"濮人""九黎"等少数民族世居繁衍的地方，根据史料记载，其历史沿革在夏、商、周时期属贡梁州地；春秋战国属夜郎国；秦附属巴郡；汉属牂牁郡；唐宋时属珍州；元属珍州思宁等处长官司；明属真安州；清属正安州；民国三年（1914年）改正安州为正安县。

纸扎历史悠久，由明器发展演变而来，源于古代宗教祭祀和丧俗活动中古人为表达对死者的孝敬之心而仿照阳间物品扎制而成的物件。明器又称"冥器"，《礼记》曰："孔子谓为明器者，知丧道矣。备物而不可用也。哀哉！死者而用生者之器也，不殆于用殉乎哉！其曰明器，神明之也。"夏商周时，明器以青铜器为主，秦汉、魏晋南北朝渐以陶制品和木制品为之。造纸术发明后，纸明器盛行，并且逐渐代替

卷八　传统技艺

传承人扎制纸马骨架（万林金　摄）

陶瓷品，宋史载："古之明器，神明之也。今之以纸为之，谓之冥器。"明清之际，纸扎成为丧俗和鬼节的主要用品，其工艺更胜于宋元，应用也更广泛，成为当时各个阶层喜庆、丧俗和祭祀活动的主要用品。所以说，纸扎既是奴隶制殉葬意识的承袭，又是对陪葬品的历史推翻和替代。

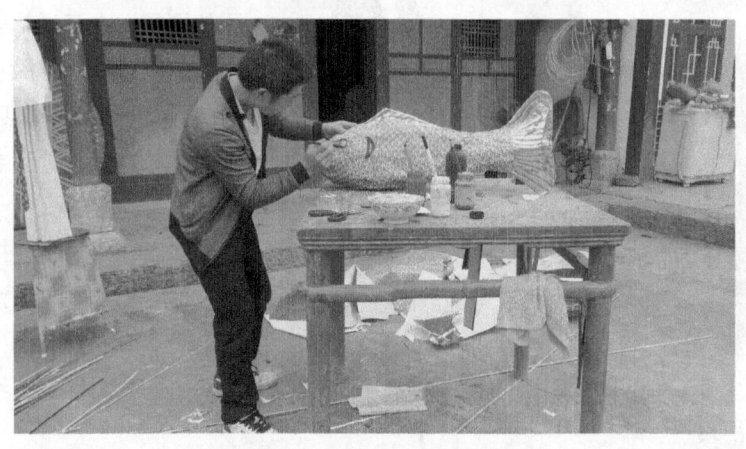

传承人手绘彩鱼（万林金　摄）

纸扎有悠久的历史，由明器发展演变而来，与宗教有着不可分割的渊源关系，丧事中的纸扎品既是奴隶制殉葬意识的承袭，又是对早期陪葬品的历史推翻和替代；喜庆中的纸扎品则是地域民间生活的写照。纸扎技艺作为中国一门独特的民间艺术，产生至今已有千余年历史，反映出各历史发展阶段社会的政治、经济、文化全貌，也是人类社会文明进步的见证，具有很高的历史、艺术和文化价值。

墨石雕刻技艺

正安县域多产墨石。墨石又称墨玉石,矿脉一般存于地表,附于石灰岩或沙页岩中,开采极易,产量丰富。其石质地细软,硬度为莫氏2~3,颜色多为墨色、深灰色,无石纹和杂色。石略有油性,稍加打磨,面即光亮照人,湿润如玉,故有墨玉之称。因墨石质地细软,较容易雕刻,是当地雕刻的上品材料,历代以来深受文人墨客的青睐。其雕刻内容丰富、题材广泛,通常以原石形状构思和根据雕刻者的需求与创作进行,有雕日常家居摆件、器具、印章及山水楼阁、百花异兽等作品。雕刻手法以圆雕、浮雕、镂雕为主,并结合实际融会透雕、钮雕、链雕、线雕等技法表现。雕刻技艺流程归分为拣选料石、浸泡料石、构图打坯、雕刻制作、打磨抛光等工序,每道工序皆系雕者手工操作。

墨石雕刻之遵义会址(万林金　摄)

墨石雕刻有悠久的历史,据宋代《云林石谱》载:"西蜀诸山多产墨玉,在深土中。其质如石,色深黑,体甚轻软,土人镌治为带胯,或器物,极润。"即知,墨石雕刻至迟在宋代就已出现。明清时期,墨石雕刻在境域广泛盛行,清末民初并有不少私塾先生开创"劳作课",将其雕刻技艺以授课方式进行传授。

墨石雕刻是正安地域一种独特的艺术表现形式,具有地域性文化特色。其墨雕作品注重题材的表现,以传统文化为载体,有机结合地域性文化、融入地域景观和民族风情等彰显其独有的艺术魅力和审美特征,具有地域性文化价值和艺术价值,并有实用的社会功能。

墨石雕刻历史源远流长,是人类历史上古老的雕刻艺术之一。据宋代《云林石谱》载:"西蜀诸山多产墨玉,在深土中。其质如石,色深黑,体甚轻软,土人镌治为带胯,或器物,极润。"由此可知,墨石雕刻艺术最迟在宋代就已经出现。

墨石雕刻的传承地正安县凤仪镇,古为真安州治所,历为正安政治、经济、文化的中心。其墨石雕刻在明清时期就已盛行,深受文人墨客们的青睐,至清末民初,私塾先生开创"劳作课",将墨石雕刻以教学传授。即知,正安墨石雕刻之历史至少可追溯至明代,距今已有数百年之久。

墨石雕刻内容丰富、题材广泛,通常以原石形状构思和根据雕刻者的需求与创作进行,有雕日常家居摆件、器具、印章及山水楼阁、百花异兽等作品。雕刻手法以圆雕、浮雕、镂雕为主,并结合实际融会透雕、钮雕、链雕、线雕等技法表现。雕刻技艺流程归分为拣选料石、浸泡料石、构图打坯、雕刻制作、打磨、抛光等步骤。

采料(万林金 摄)

(1)选料:对采集来的墨石块的硬度、密度、光泽度及石块形状进行筛选的过程。墨石块要求软硬适中,需除掉杂石、杂色。选料的目的是对墨石的品相进行选择,根据自身的要求而定料,选料时通常出现好料稀少、杂石众多的情况。

(2)浸泡料石:把采好的石料放入清水中浸泡数月,晾干后进行第二次选料和初步的整形。浸泡的过程根据雕刻者的需求而定,也有不须浸泡直接雕刻的。

(3)构图打坯:在筛选好的墨石块料上,根据作者的意图和墨石块的形状轮廓,用雕刀大致绘出所要雕刻的图案,勾勒出初步轮廓,为进一步精雕细琢做准备。

(4)雕刻制作:即在已经大致绘出了轮廓的墨石块料上进行雕琢,根据具体情况除去多余的部分,待雕刻出具体的形象后,再用圆雕、浮雕、透雕、线雕等手法精细制作。因墨石硬度不高,在刀法上用雕、锉、刻、磨、刮等手法制作,使制作成型的作品不仅具有独特的刀法味,且造型表现上更加生动,并于玲珑中透出一种古雅的天趣。黑色的石头、黑色的形状似有一种太古气象。

(5)打磨:是对雕刻成型的作品进行粗细处理。打磨的工具主要是砂布。砂

打磨（万林金　摄）

布有粗细之分,粗砂布主要是用于对雕刻成型的作品表面粗糙处进行磨拭,直到作品表面粗细均匀;细砂布主要是对经粗砂布磨拭均匀的作品再进行细磨,直到表面出现油墨光泽。

（6）抛光:是对打磨出来的成品进行柔、润、亮的处理,将作品放入盛满菜油的容器数日,以达到作品整体柔、润的效果;取出晾干后再用油性布条擦拭至光亮如玉,使其显得光洁、湿润、通灵,直至完成作品雕刻的整个过程。

正安墨石雕刻表现出正安民间精湛的技艺、巧妙的构思和奇特的创造力,雕刻手法以圆雕、浮雕、镂雕为主,并结合实际融会透雕、钮雕、链雕、线雕等技法表现,具有很高的雕刻艺术价值。

卷九 传统医药

国家级非物质文化遗产

廖氏化风丹制作技艺

廖氏化风丹至今已有300多年历史。化风丹其名是得于病因是"风",治疗用"化"的对症施治手法,所谓"风",特指小儿惊风、脑中风、面肌麻痹、癫痫、风寒感冒等疾病;所谓"化",指用药物之力,活络散结化风,故得名化风丹。其工艺是将麝香、天麻、全虫等21味中药,按廖氏先祖所传比例炮制粉碎后制成0.12克重的朱红色药丸。化风丹具有熄风开窍、镇痉豁痰的功效,主治癫痫、中风、面肌麻痹、小儿惊风等疾病。抗日战争时期,化风丹远销东南亚各国,1954年,国家工商行政管理局为化风丹"板桥"商标给予商标注册证。贵州省人民政府于2007年5月29日公布其为第二批省级非物质文化遗产。

廖氏化风丹所在区域遵义市,地处云贵高原向湖南丘陵和四川盆地过渡的斜坡地带,是川盐入黔的中转地,也是各类商品的集散地。大娄山森林植被典型多样,并生长天麻、杜仲、三七、山乌龟等数百种中药材,优良的地理环境和天然的药材资源,为廖氏化风丹传承生产提供了重要保证。

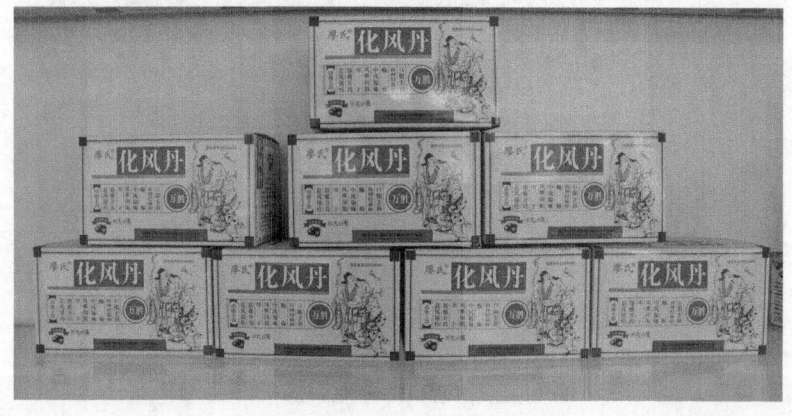

廖氏化风丹(李小毛 摄)

大明万历年间,明军医廖品五解甲行医,定居大娄山下板桥镇,廖元和堂"化风丹"缘于遵义板桥廖家家传秘方,依托大娄山天然药材资源,凭借板桥镇商贸流通的便宜,开设"廖氏济世药堂",其子廖维才,其孙廖耀寅承袭父业,行医济世。针对黔北川南民间多发的癫痫、偏瘫、口眼歪斜、失语、头晕头疼等疾病,廖耀寅于崇祯十七年(公元1644年)至崇祯二十二年(公元1649年)五年的苦心探究试验,研制出"化风丹"丸剂,治疗上述疾病。这时期"化风丹"用药近20味,采用家传一般炮制法制成,形状为直径2~3厘米药丸,色微黄,用本地毛边纸包裹。崇祯二十二年(1649年)至清康熙三年(1664年)期间,化风丹大胆借鉴白酒发酵工艺,通过的对核心药物作特殊发酵处理,提高了药性,降低了毒性,同时,组方配伍更精到,药材使用各有增减,并使用了具有安神定惊的朱砂,疗效大增,危重患者均药到病除。康熙三年(1664年)至1950年,化风丹历经磨炼,工艺终稳定成熟。这时期,化风丹生产规范定型,产品规格统一,廖氏传人在板桥开办的药堂牌号多达十余家,其中廖元和堂、廖仁和堂于20世纪30年代将店堂和厂房迁入遵义城区,化风丹生产规模稳步扩大,满足了国内外市场需要,为中国绝无仅有的能够流芳超过300年的药品,在世界也属罕见。

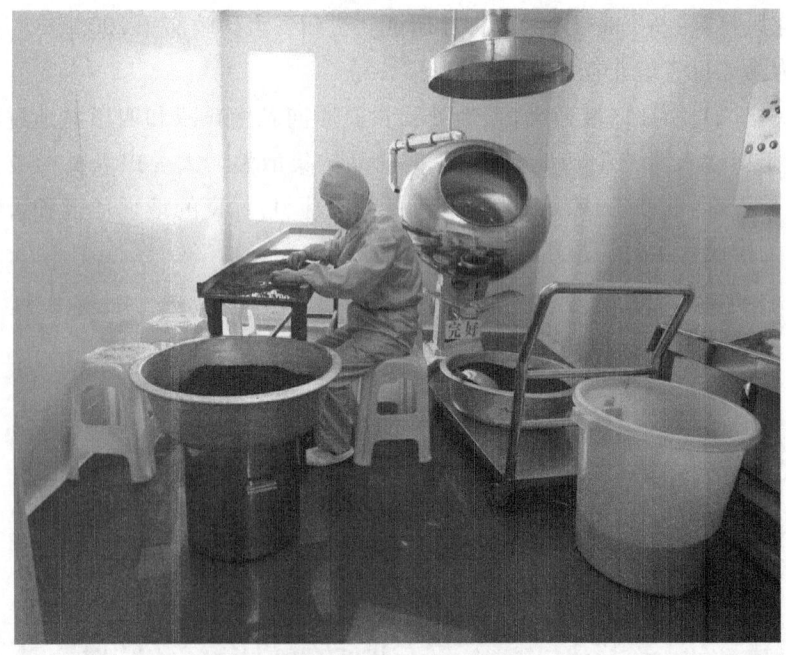

炮制化风丹(李小毛 摄)

廖氏化风丹的传承谱系为廖品武—廖光绪—廖耀寅—廖溁龙—廖元楫—廖

炯—廖德型—廖铭诏—廖永赓—廖树才—廖熙华—廖小刚。主要代表性传承人有廖永昌、廖吉斋、廖以庄、廖永祥、廖树芬、廖真、廖克强、廖永英、廖树芳、陈月仙、温惠仙、廖熙文、廖熙华等。

300多年的发展历史,十余代子孙的传承,将化风丹做到十几个大型药堂的规模,自清康熙就盛销国内远销国外。同期,化风丹300多年前就成形的药母发酵制作技艺,为我国中成药在提高药性、降低毒性的方法处理上,提供了独特的思路,具有工艺创新价值。独特的组方配伍和特殊的、多类型的药物炮制手法,具有药物学意义上的科研价值。同时,在药理合于病理的基础上实施辨证论治的制药理念及质量理念,具有较高的学术价值。

经贵州省商务厅批准,该公司在2007年被贵州省商务厅作为唯一的候选制药企业向商务部申报了"中华老字号",于2007年1月正式上报商务部。后经贵州省文化厅批准,公司作为唯一的医药企业于2007年3月进入贵州省级非物质文化遗产名录——"化风丹制作技艺"。同时,"化风丹制作技艺"于2008年1月,经国务院批准进入第一批国家级非物质文化遗产扩展项目名录传统医药项。2009年4月15日获得"国家级高新技术企业"称号。

廖氏化风丹神奇的辨证施治、对症施治、技艺创新,配方独特、炮制手法多样,疗效明显。随着社会进步,人们生活方式发生变化,患心脑血管疾病的人群越来越庞大,化风丹作为治疗心脑血管疾病的我国传统知名良药,将有不可限量的医疗价值。现今,因资金和技术人才的原因,廖氏化风丹同样存在着传承危机。

省级非物质文化遗产

遵义王氏中医推拿

王氏中医推拿所在地遵义市,地处云贵高原向湖南丘陵和四川盆地过渡的斜坡地带,北邻重庆,南依贵阳,为中亚热带季风湿润气候,是全国太阳辐射低值区,雨水丰沛,气候潮湿,因气候造成的风邪疾患是山区人的常见病多发病,形成诊病治病的社会需求。遵义秦汉时期纳入中央郡县管制,文化开发较早,人文风气深厚,历有大批医者悬壶济世为民除困,知名老中医王运聪得前清卓溪中医推拿真传,在这一区域行医七十余年。

王氏中医推拿是清前期卓溪中医推拿流派的沿袭和传承。始创于武汉李氏家族,后经族人李义兴传至川南、黔北等地。传人王运聪秉承卓溪一脉辨证施治、营卫气血的医治体系,顺应阴阳五行相克相生、五脏六腑相依相擎的运行规律,实施以姜葱汁为介质作用经络后循经取穴的内科治疗,具有温经散寒扶正祛邪,最终强盛脏腑消除病灶的典型特征,形

卓溪中医推拿传承人王运聪(刘颖　摄)

成王氏内科推拿治疗系统。在小儿脑瘫、小儿惊风、半身不遂等疑难病症的治疗上取得重大突破。"开天门"等内科手法在国内推拿界具有独创价值;其对小儿脑瘫、小儿惊风、半身不遂等风邪疾患的治疗具有较高的医疗科研价值;小儿特殊的"望闻"诊断方法,即通过食指上风关气关命关之"望"、五官之望,辩其五脏之患的功夫,具有中医的传承价;通过组合取穴取代药物组方配伍的施治方法,以"清、泻、补"三手法取代药之疗效,具有中医推拿的特殊价值。对脏腑疾病、颈椎腰椎疾病亦有独到治疗方法。

卓溪中医推拿自李义兴于清前期外传,二代杨易全,三代熊大芝,四代朱斗然,近300年传承不断丰富。第五代传人王运聪在传承基础上独有创新,深化丰富了卓溪中医推拿术。第六代王超文,医疗功底扎实深厚。第七代王佳怡有不俗技法。2015年遵义王氏中医推拿批准为省级非物质文化遗产保护项目。

王氏中医推拿的主要内容如下。

(1)以望闻问切诊断病情,以辨证施治、营卫气血为医治体系,以阴阳五行相克相生、五脏六腑相依相擎的运行规律为治疗依据,以内科手法施行治疗,解决脏腑之偏盛偏衰、十二经脉之凝滞淤堵,达到培一身之根本,解数病之本源的目的。

(2)开天门:开天门是王氏中医推拿内科手法的核心内容。首先用姜葱煎汁浸染医者大指,先"开天门";推坎宫;天河引水;推上三关,退下六腑,女子反之;推阳界、阴界、分阴阳;再用清、泻、补等手法推五经;运八卦;封关窍;捧耳摇头结束。此套手法解决人体脏腑之寒热虚实、偏盛偏衰的现象,医理上有温经散寒,开张气血经络,调整人体阴阳平衡的作用,使治疗达到最佳境界。为避免患者经络过度开

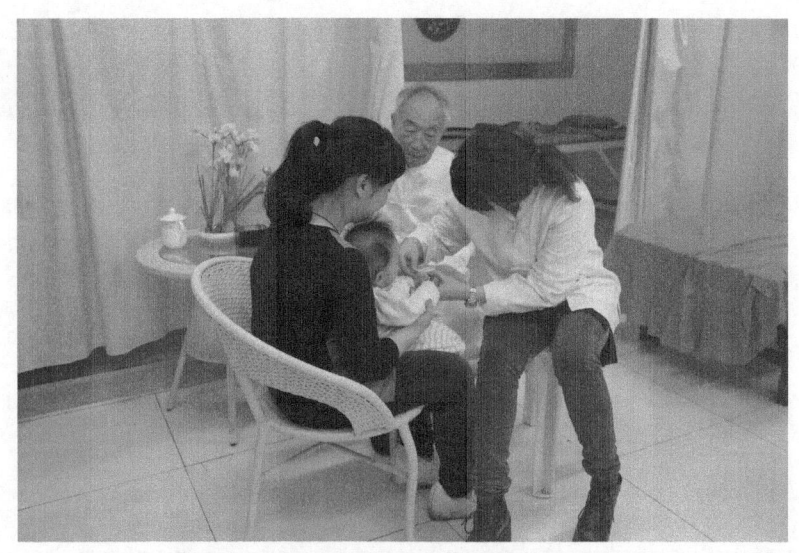
传承人在对小儿进行"望、闻"诊断(刘颖 摄)

合,此法一疗程只使用三次。且因人体需顺应四时阴阳以求平衡,此手法只能在午后使用。

(3)以推代药:药求组方配伍,穴讲组合互助,"寒热温平"为药之四性,推拿揉掐,性与药同,这是王氏中医推拿取穴治疗的基本要义,用推即用药,某些治疗手法用推胜于用药。如:涌泉右转不揉,朴硝何翼,一推一揉右转,参术无差,食指泻肺,功并桑皮桔梗,旋推止咳,效争五味冬花,精威拿紧,岂羡牛黄贝母,肺愈重揉,漫垮半夏南星……总之,在不同穴位采用清、泻、补等不同手法,取代不同药物疗效。

(4)"望闻"诊病:"望""闻"是王氏中医推拿诊断小儿疾病真功夫,通过五官之望,通过食指风关、气关、命关之望,通过哭声咳声之闻,辨五脏之苗与窍。卓溪诊病秘诀写道:"要识小儿疾病笃,青筋直向耳边生。风气二池黄吐逆,若还青色定为风。惊啼烦躁红为验,两手如莲客热攻。"后以治本之法除小儿之病。在小儿脑瘫、小儿惊风,半身不遂等病症的治疗上尤有成效。

卓溪中医推拿在川南黔北传承300年。其间病患需求较大,技艺七代传承不衰,未曾中断。王氏中医推拿在秉承传统基础上创新发展。1958年以后,得遵义地方政府扶持,建立专科门诊,技艺备受景仰。如今,第六代、第七代传承人,有志将其做大做强。

卷十 民俗

国家级非物质文化遗产

仡佬族三幺台习俗

幺台，方言，结束的意思。三幺台即席分三台，茶席、酒席、饭席。三幺台是仡佬族人最为隆重且最具特色的一种饮食礼俗。主要流布于遵义市道真县三桥镇及大磏镇低海拔地区的永锡、三会、开建、福星和务川县的大部分的仡佬族村寨。三幺台还广泛流传在务川县境内的村村寨寨，为绝大部分人家所掌握。此外，在正安、德江、沿河、思南、石阡、印江等黔北、黔东北县市均有流布。

三幺台之"饭席"

三幺台的形成与发展有一个漫长的历史过程，是地域自然、历史、人文、物产等相互融合的产物，是仡佬族人民劳动与美食、食俗与礼仪相结合的产物。三幺台中有一道菜叫"登子肉"，其中"登"读"dēng"，是古代盛肉食的用器，也指祭祀时盛肉食的礼器。《尔雅·释器》说"瓦豆谓之登。"《诗·大雅·生民》"于豆于登"，明代，祭孔庙仍要用登20个。可见，"登子肉"的称呼是从"登"这种盛肉的祭祀礼器得来的。管中窥豹,从"登子肉"可以看出,三幺台这种饮食礼仪应当是从古代的某种祭祀活动演变而来。保留古代祭祀活动痕迹的例子还有一个,就是三幺台在正席开始前,要祭拜祖先。最开始,这种饮食礼仪并不为仡佬族整个社会阶层所共有。随着社会、经济的发展,尤其是田氏土司被废除后(1413年),中央政府推行改土归流,汉文化得以在少数民族中广泛推广。随着一些礼仪活动的下移,三幺台最先在仡佬族人的一些重大礼仪活动,如婚嫁、造房、祝寿中使用。这些重大礼仪活动中的三幺台,每一幺台之间,伴以"吹打"(锣鼓唢呐队)"闹席",即每上和每撤一台席,"吹打"都要吹奏一番,以表酬谢,后逐渐作为在节日期间招待重要客人的一项饮食活动,并以谢茶歌、谢酒歌替代了"吹打""闹席",在广大仡佬族人家中流传开来,并发展到近、现代,仡佬人家只要有贵客来访,都要以三幺台招待,以表示对客人的尊重。

所谓"幺台",即方言"结束"之意。客人到访,主人家要打开堂屋大门,热情迎接。仡佬人家的堂屋是供奉祖先牌位、举行重大活动的场所,在堂屋内接待客人,是表示对客人尊重。把客人迎进屋招呼大家随便坐下后,主人双手递烟,向每一位客人问候。同时吩咐女主人准备茶水和其他食品,安排孩子去喊左邻右舍的男主人来陪客。如果客人中有长辈就喊长辈相陪,平辈喊平辈相陪,宾主到齐后,8人一桌(过去10人一桌),背靠香龛(俗称"香火"),面对大门为上席,左为客人席,右为主人席,下为晚辈席,座次与辈分有约定俗成的规矩,大家依次入座。有相同辈分者,互相谦让一番后,以年高者坐上位。待大家坐定后,第一台席茶席也就开始了。茶席,顾名思义就是以喝茶为主,伴以果品糕点,这一台席有为客人接风洗尘的意思,客人远道而来,喝茶以解渴。仡佬人喝茶以大土碗盛之,以解渴除乏为主,所谓"大碗喝茶,大碗喝酒"。茶席所配果品糕点为九盘,一是瓜子,二是花生,三是板栗,四是核桃,五是"红帽子粑",六是"美人痣泡粑",七是"百花脆皮",八是

三幺台之"酒席"

"酥食",九是"麻饼"。所喝之茶多为土茶,土茶中以大树茶为上品。务川大树茶又名"乌龙大叶茶",史料上称"都濡高株茶",该茶早在宋代就"常赋",北宋著名文学家黄庭坚谪涪州别驾、黔州安置时在他的《答从圣使君书》中写道:"此邦茶乃可饮,……都濡茶在刘氏时贡泡也,味殊厚。"并作《阮郎归·茶》一词:"黔

中桃李可寻芳,摘茶人自忙。月团犀胯斗圆方,研膏入焙香。青箬裹,绛纱囊,品高闻外江。酒阑传碗舞红裳,都濡春味长。"大树茶黄亮嫩绿,色泽透明,其香味馥郁浓烈。客人一碗大树茶喝下去后,顿时止渴生津,除乏醒神,话把子油然打开,天南地北,农家桑麻,里俚故事,主客惬意而随便。主人拿捏时候,觉得大家意兴已起时,撤去一幺台,转入二幺台。第二台为酒席,摆放好杯盘碗盏后,主人家首先焚香化纸,拜祭祖先,一是表示不忘祖先造福后人的功德;二是恭请祖先神灵共享佳肴;三是祈求祖先保佑自己和来访的客人。然后重新邀请客人入座。

第二台酒菜大都为卤菜和凉菜,如香肠、卤猪杂、卤鸡卤鸭、瘦腊肉、皮蛋、盐蛋、浸萝卜、浸地牯牛、花生米等,菜的内容不定,但必须是九盘。酒是自酿的苞谷小锅酒,此酒家家会酿。当地饮酒习惯,凡端杯者,一定要喝三杯,不饮酒者以茶代酒。第一杯为敬客酒,由主人发话,向每一位客人敬酒,说一些欢迎和招待不周的谦辞后,先干为敬。第二杯为祝福酒,由客人代表说一些对主人盛情接待的答谢话及祝福之类的话语,然后共同干杯。第三杯为孝敬酒,由晚辈代表为长辈祝福,晚辈必须等长辈喝完酒后再喝。三杯过后,随意发挥,主客歌词唱和,其乐融融。酒酣耳热之际,大家扯龙门阵、说国事家事天下事,海阔天空,一番乱神聊,二台结束,紧接着上第三台。第三台为饭席,这是三幺台的正席,所上的菜,当地人叫大菜,数量仍然是九碗,俗称"九大碗"。比较传统的"九大碗"是"登子肉"、酥肉、肉圆子、油果豆腐、灰豆腐、扣肉、黄花菜、笋子、汤菜等。其中"登子肉"、肉圆子、酥肉、油果豆腐是任何时候都必不可少的,这几样菜的造型非方即圆,寓含团团圆圆的意思。吃菜时,晚辈不能随意用菜,每碗菜都必须等长辈先吃后才能动筷(尤其是吃"墩子肉"),长辈夹菜时也要邀请大家一起用菜。吃完饭后,要平端或合举筷子,示意"各位慢用",直到长辈用毕,才相继退席。

仡佬族三幺台的传承以社会性、松散型为特征,它的礼仪规范也融入了整个仡佬族的社会生活,是仡佬族人民生活中不可或缺的组成部分。三幺台不仅是仡佬民族上千年来通过民族群体传承下来的饮食习俗,同时渗入了民族的饮食礼仪,汇集着仡佬饮食文化的精髓,蕴含了仡家人淳朴的待客之风,民族特色鲜明,文化特征独特。

近年来,伴随着全球经济

三幺台之"茶席"

一体化的进程,与城市化、工业化一同兴盛的各类流行饮食文化等风靡大街小巷,使仡佬族三幺台这一传统饮食文化受到了强烈冲击。而农村在传统的自耕自给经济生活被破坏后,由于面临着更大的生存压力,办三幺台时也趋于简化三幺台的程序。除了政府有关部门因宣传的需要偶尔举办外,真正意义的、民间自主的三幺台已经越来越稀有。三幺台的濒危标志着仡佬族这个古老而苦难的民族在艰苦的岁月、在疲惫的人生中创造出来的一丝宁静和安逸将渐渐远去,而不仅是一种吃饭方式的消失。

省级非物质文化遗产

仡佬族吃新节

吃新节是仡佬族最古老、最传统、最隆重的节日,是贵州各地仡佬族的传统风俗。多在农历七月初七举行,有少数地区在农历六月初六。节日的内容是"吃新",即尝新米,当天除准备好鸡鸭鱼肉外,各家还到地里摘一些新谷来煮,煮熟后先祭过神和祖先,全家才开餐大嚼,具体的过节形式各地稍有不同。

寨老讲话

八月庄稼新熟,农作物初熟,是仡佬族吃新季节,吃新节的时间,各地都不一样。吃新节前,男女盛装到村寨附近田埂上摘稻谷、毛稗,次日将谷、稗舂为米粒,集体宰牛1头。第三日清晨以新米粒蒸饭,连同煮熟的牛肉一并祭祖,缅怀先祖开荒辟草之功。祭毕,大家一起分享祀物。所余牛肉各户均分带回,于第四回将其与新米饭一起置于反扣的簸箕上用手抓供各自祖先后,再全家食用。有的地方用六吊谷穗挂在灶角的吊板两边,板上垫着糯谷草,草上放直径约为一尺半大糯米粑及小粑若干,又用粑捏成的仓放板左,犁、耙、牛等放板右,大粑上摆碗、筷、酒杯,按辈分烧香纸跪拜,由家长念请各位祖宗来吃新米饭,保佑全家平安。有的地方的吃新活动是三天。头天下午,各家将谷各家祭食;次日下午全寨集中下田采谷,大家分工动手将新谷焙干舂为米,磨豆腐,宰牛,于寨内坝子中祭谷神后集体食用;第三日下午用剩余食物再会餐一次。吃新节所用谷物,大多数是从自己耕种的田地里采来的。

仡佬族人在成熟的较早的田地中摘取一些谷穗——不管是自家的还是别人家的,用锅炒干将米舂出,煮成新米饭(俗称火米饭),连同蔬菜瓜果,敬奉祖先尝新,感谢祖先开荒辟草,惠及后人。然后依长幼次序围成一桌,一起尝新,享受一年劳动的果实。同时,新媳妇晨新米、新菜成熟向娘家送新敬老。入9月后,居住在高山的仡佬族向居住在平地的亲人送晚熟作物,用以供奉祖先、敬奉老人。过去仡佬族人可以在任何人家的地里摘取庄稼,以表示仡佬族人是这片土地的拓荒者和拥有者。

采新归来

以"节"而言,吃新节的仪式分为"采新""献新祭祖""吃新"。

吃新节是传统农耕文明的遗风,存在着较多的农事丰庆的内容。相对仡佬族来说,吃新更多的在于缅怀祖先,彰显祖先"地盘业主,古老前人"的丰功伟绩。

贵州省民委已确定仡佬族的文化名片是吃新节。吃新节以祭祀活动为主。仡佬族人通过吃新祭祖活动表达对先祖的崇敬、祈求庇佑来年丰收。务川自治县曾多次举办过仡佬族吃新节。2012年,务川仡佬族苗族自治县申报的"务川仡佬吃新节"被列入"中国优秀民族节庆",并荣获"最具特色民族节庆"称号。目前务川已成功举办三届仡佬族吃新节,在仡佬族吃新节期间,村民都会欢聚一起,煮新米饭、煮新玉米、煮毛豆角、打糍粑、磨豆腐,采新吃新、把酒言欢、共庆丰收。另外,还会开展一系列庆丰收游娱活动,如抛谷子表演、南瓜竞猜、彩圈套宝、鸣锣报喜、吃糍粑比赛、唢呐吹奏和打闹台等。

吃新节充分展示务川仡佬族苗族自治县优秀的仡佬文化、秉承了个性的民俗活动和保护传承仡佬民族优秀传统体育项目,进一步树立和宣传了"中国的务川·世界的仡佬"品牌形象,进一步开拓了旅游市场,提高了务川旅游的知名度,有力推动"人文旅游新区、仡佬文化中心"建设又好又快地发展。

尖山苗族跳花节

绥阳尖山苗族跳花节形成和发展有300多年历史,每年从农历正月初一开始到正月初五结束,历时5天。

跳花节的由来有一个美丽而动人的传说。相传,皇帝最疼爱的女儿青女突生怪病,须在山中寻找120种不同鸟的羽毛作药方能治愈。皇帝便颁诏天下,寻找打鸟的人。有一天,一个名叫花男朵的苗家小伙子打到了120种不同的鸟献给皇帝,治好了公主的病。公主为报答花男朵的救命之恩,愿下嫁花男朵。皇帝嫌花男朵穷,把花男朵赶走了。公主为寻找花男朵,来到苗家尖山上,站在一棵柏香树下等花男朵回来,直至含恨死去。花男朵回来得知公主为等他而死,天天在那棵柏香树下吹芦笙,唱情歌,与柏香树"化身"一体。苗家人认为那棵柏香树就是公主和花男朵共同的化身,是苗家人心中的"神树"。每年正月初一到初五,苗家人带着各种祭品来到山上"神树"下,吹起芦笙、唱起苗歌祭祀他们。年复一年,一代一代传承下来,形成了尖山苗家独特的传统文化节日——跳花节。

苗族芦笙舞蹈表演(徐驰 摄)

跳花节活动分祭祀和表演。

祭祀分五个步骤:第一步开山,由苗家会首举行请神仪式。第二步拜山,由许愿、还愿者答谢神仙(神树)。第三步挂红,由会首将许愿、还愿者献上的红布挂在围子(栽在神树周围的树桩)上,寓意无病无灾、平安吉祥。第四步倒山,由会首打卦,然后吹起芦笙、跳起舞蹈、唱起苗歌送神上天。第五步收山,即移栽神树,寓意神树不死。

绥阳尖山苗族跳花节:祭祀(田野 摄)

表演,苗家姑娘小伙在跳花坪现场为观众表演苗家的芦笙舞、苗歌等苗家传统节目。

尖山苗寨植被茂密,山形奇特,溪流清澈,四季鸟语花香,生态条件良好,人居环境优美,有人间天堂的美誉。

尖山苗族人民世代居住在尖山大山中,迄今已有1000多年历史。相传在汉苗分家时,苗族居住在自然条件较差的高山地区。为了生存,苗族人民在高山地区垦荒种粮、种麻;为了御寒,苗族人民在长期生产实践中用智慧发明了织布机,从此就靠它来纺麻、织布;为了爱情,每年的正月初一至初五,苗家儿女唱歌、跳舞,祭拜"神树"。从古到今,勤劳勇敢、生生不息,形成了独具特色的当地苗族文化,其跳花节便是这特色苗族文化中的重要组成部分。

跳花节已由过去的当地群众参加发展到现在的全国各地的群众参加。每年的正月初一至初五,来自全国各地的1万多名群众云集尖山苗寨,参加跳花节活动,成为人们生活不可或缺的一部分。

附录

附录一　民间文学

◆ 茅台酒的传说

素有中国"国酒"之称的茅台酒,因产于贵州省仁怀县的茅台镇(原为村)而得名,并享有"风来隔壁千家醉,雨过开瓶十里香"之美名。这种特殊的茅香,沁人心脾,令人陶醉。

茅台酒的传说故事很多,最美丽的传说应该是这样的,千年间,赤水河畔的茅台村,才十几户人家。一家富人,三间大瓦房,坐落在河畔的高处,特显眼;其余都是穷人,住的是茅草棚棚,分布在河边。居住在这里的人们,都有酿酒的习惯。可那时,不管富人也好,穷人也好,酿酒的技术都很平常。

有一年的腊月,四季气候温和的茅台村,破例地下了一场大雪。雪花纷纷扬扬,飘飘洒洒,从晚上下到天明,从早晨下到黄昏,还没有一点停住的意思。这时,在风雪中,只见一个衣衫褴褛的姑娘蓬头赤足,手里拄着一根木棍,从山上下来,跌跌撞撞向茅台村走来。

她走到富人家门口,见几个帮工忙忙碌碌,正在酒房烤酒,便停住了脚步:"烤酒大哥,我周身发冷,要口酒喝,暖暖身子御御寒。"

帮工们见她冷得像筛糠,牙齿嗑牙齿的,忙停下手中活计,用怜悯的目光注视着她。一个帮工顺手拿起个土碗,从缸里满满地舀了一碗酒,递到她面前:"快喝了走吧,等会主人就要来了。"说来也巧,姑娘刚接过碗,主人从房里出来了。他板起面孔,连忙夺过姑娘手中的土碗,就势将碗里的酒往缸里一倒,气势汹汹地说:"快给我滚,少在这里啰唆!"姑娘不屑地瞪了他一眼,一声不吭,扭头就走了。她沿着从山腰伸向河边的石板路,径自向那片茅屋走去。在一间茅屋檐下,她停住了。屋里一个白胡子老头正在用篾条箍酒甑,灶门前,有个老婆婆在生火。姑娘便迎了上去:"老人家,行行好。"

老头抬起头来,见一个穿得破破烂烂的姑娘立在门口,怪可怜,便说:"外面风雪大,快进屋里来!"

姑娘走进屋里,老头将她带到灶门前,吩咐老伴将火再生大一点,让姑娘在火边坐下,自己便进房间里,把剩下的一点酒倒出来,盛在碗里递给姑娘:"先喝口酒暖和暖和吧!"

姑娘也不推辞,接过酒一饮而尽,连声赞叹:"好酒!好酒!"

老婆婆刷锅弄碗,打算炒饭给她吃。姑娘站起身来,连忙制止,做出要走的样子。老头忙说:"天已经黑了,外面又冷,哪去?"

姑娘说:"没个家,走到哪里算哪里。"

老婆婆丢下手中的刷把,走上前来拉住姑娘的手说:"我们都是穷人,讲啥客气,恰好我闺女到她舅舅家去了,你就在她屋里住下吧!"说着,把姑娘带进自己女儿的房间里。

不一会儿,老婆婆也睡了。白胡子老头继续篦酒甑。篦着篦着,不知不觉地依着酒甑,昏昏沉沉进入了梦乡。他恍恍惚惚地看见一个仙女,头带五凤朝阳挂珠冠,身穿缕金盲蝶花绸袄,下着翡翠装饰百褶裙,脖上挂着赤金项链,肩披两条大红飘带,袅袅婷婷,立于五彩霞光中。只见她手捧夜光杯,将杯里的琼浆玉液向着茅台村一洒,顿时出现了一条清清的溪流,从半山腰直泻而下,注入赤水河中。忽地,仙女手中的夜光杯又不见了,手里捏着一根木棍。她用木棍在富人的三间大瓦房和那片茅屋之间的溪流中,划了一下,便消逝了。随即,老头的耳边响起了一个熟悉的声音:"就用这条小溪的水酿酒吧。快,水进屋了!"

白胡子老头一惊,睁开眼,已是天亮了。他忙进自己女儿房中,姑娘不见了,一切依旧。大门也关得好好的。这时,他老伴也起床了:"老头子,你说怪不怪,昨晚我梦见一个仙女……"

老头二话不说,忙开大门一看,只见东方朝霞万里,一轮红日冉冉升起。村边出现了一条清清的溪流。

老头兴冲冲地拿着水瓢,提起水桶,从小溪里舀了一桶,将这水用来酿酒。不几天,酒酿出来了。一品尝,色香味俱佳,真是绝色天香。老头把穷哥儿们都找来,你尝一口,我尝一口,大家连声赞叹:"好酒!好酒!"

从此,茅台村的人们就用这条溪流的水酿酒。说来也怪,富人家酿的酒,质量越来越差,好像放了醋一样,坛坛都是酸溜溜的,不久便衰败下去了。穷人们酿的酒,质量越来越好;清澈透明,芳香扑鼻,味醇回甜。至此,酒业大兴,许多达商巨贾慕名而来,争买这里的酒到各地销售。

后来,茅台村的人们为了怀念这位"仙女",便将"仙女捧杯"作为茅台酒的注册商标,并特意在瓶颈上系两条红绸带子,以象征仙女披在肩上的那两条红飘带。

茅台(贵州)的酿酒起源:据现有资料可知,早在两千一百年的战国时代,贵州的青山绿水间就无处不飘美酒香。据文献载,当时贵州一带就生产一种拘酱酒了。汉代,贵州的酿酒又进入一个新阶段。史载,汉武帝曾品尝过古仁怀产的酒而大加赞赏。南北朝时期,这里已能酿出酒精浓度较高的酒。隋唐五代时期,又出现一种"女酒"。古代是指煮酒的女奴,后渐渐为酒之名。宋代,朱弁《曲洧旧闻》就记有当时的两百种名酒。而产于今贵州一带的"牂牁酒"和"凤曲酒"已颇负盛名。元明以后,特别在清代三百年间,贵州酿酒的优良传统得到发扬光大。在清初的小说名著《镜花缘》里记有当时全国的五十余种名酒,其中就有贵州的苗酒和夹酒。关于苗酒,乾隆《贵州通志》说,主要产于都匀府各属,为苗族、布依族人民酿造饮用,"色红而味醇厚"。李宗(日方)《黔记》说,夹酒以粮食为原料。"初用酿烧酒法,再用酿白酒法乃成。"其他如钩藤酒、刺梨、糯米酒等也各具特色。这当中引人注目的是仁怀"茅台春""茅台烧",它经过几个世纪的酝酿,逐步发展成誉满五洲的"茅台酒"。

◆ 桐梓灯谜

桐梓灯谜源远流长,在民间影响很大,不论男女老少,逢年过节,家人团聚,朋友聚会,都要猜谜,以助雅兴。灯谜是一种寓教于乐的活动,更是一种文化现象。可深可浅,老少皆宜,人人喜欢,众口可调,它是桐梓人生活中不可缺少的元素。桐梓灯谜活动历史悠久,普及面广,群众基础深厚。遇重大节日、喜庆、开张等大事,几乎都有谜会。人才辈出,高手如群星闪耀。

桐梓系军政集团文化昌明,官佐眷属关注倡导,间接成为促进桐梓灯谜文化的台柱。

1926—1935年,周西成为代表的桐梓系军政集团主持黔政,周颇具儒将风度,戎马倥偬,政治闲暇,关注中华民族的国粹传统文化。其部属民政厅长黄丕谟、教育厅长谭星阁对于桐梓文化事业颇有贡献。谭星阁(1898—1951年)桐梓县城老北街人。1925年毕业于北京大学。1932年任贵州省教育厅长。1935年回桐任教于桐梓中学。其间曾担任桐梓县参议会参议长。谭学识渊博,授课认真,深受学生和家长好评。谭业余喜好灯谜,常年倡导资助谜事活动,每逢除夕即在大十字宋家纸铺、北街厚生商行主持街头谜会,又曾编印过《桐梓文虎集》。谭制谜思维敏锐,构想奇巧,雅俗共赏,尤以谜材之感时应世见长。抗战时期曾出过"还我河山"之谜。此外,周之如夫人钱顺英亲自讲演宣扬。

黄丕谟之于灯谜主要是灯谜的遥对格、求凰格,或称针对格,换言之即为对联的别类,以谐趣射影官场人事。20世纪30年代,本县松坎区创办《松坎旬报》开辟有灯谜专栏。40年代中期以后,曾任贵州省教育厅厅长的桐梓名人谭星阁,常于民间传统佳节定期举办群众谜会。救亡活动,爱国热情高昂,注入桐梓灯谜的新鲜内容。抗战期间,桐梓县抗日军民同仇敌忾,救亡活动蜂起,抗日题材的灯谜成为桐梓县灯谜活动的主旋律。

1956年,中国社会主义高潮波及桐梓,文化建设兴起。灯谜活动重新起步。是年4月25日,中共桐梓县机关报《桐梓县报》由县委宣传部编辑创刊。5月12日,首于副刊上刊登《谜语》,至年底,共刊载谜语37则。这为桐梓的灯谜发展起到推波助澜的作用。虽是石印小报,却每期都有固定的"有奖猜谜"专栏。

1963年,经过政策调整,全国经济复苏,桐梓县农业生产达到历史新高,因而各项文化事业复兴。这年,桐梓县县文化馆馆长庞学孝和干部周均陶举办春节、元宵灯谜晚会。文化馆地点在南大街(今步行街)一家小院内。每到除夕、元宵,文化馆小院内贴满五彩色的谜条,爱好者人头攒动,热闹异常,此一群众文化活动,一直延至1965年。1966—1976年由于种种原因,灯谜活动销声匿迹十年。1978年春节,桐梓县文化馆馆长徐江人等恢复灯谜晚会。其时,县文化馆坐落在大十字,历史就是此巧合。文化馆当街的门窗即为灯谜投递和揭晓的窗口,整个大十字成为谜会的会场,参与灯谜活动人群涌动大街,大有万人空巷之势。会场内华灯高照,彩条飘空,谜卡如雪片撒地。猜谜行列中有全家出动、夫妻计议、兄弟相商的动人场面。自此,县文化馆每年春节、元宵,甚至"五一""七一""国庆""中秋""元旦"等节都兴办谜会历久不衰,一直到县文化馆迁址。

20世纪80年代改革开放以来,桐梓灯谜更是空前活跃。1983年春节,官仓、花秋和城关镇三街、四街都兴办灯谜晚会。尤以官仓区谜事规格和时间较长。自此,官仓镇每年都要举办猜谜活动,开全县乃至全省乡镇上举办灯谜活动之首端。1984年,桐梓县图书馆举办大型春节元宵灯谜晚会,并创设"雅座"的灯谜沙龙,创"雅座"与"会场"并举的格局;并举办首次评选射虎高手灯谜大赛。1984年8月,在县文化局及属下文化馆的指导下,桐梓县灯谜协会正式成立(桐梓县首家群众文化团体),会长徐江人,副会长宋仲篪、李思明,秘书长张勤学。1985年,桐梓县青谜手廖宝中,在中央电视台等单位举办的首届"中华杯"全国灯谜大赛中进入前100名。桐梓灯谜初次在全国崭露头角。

1986年春节,县电影院、新华书店、轻工供销公司门市部等单位在门前悬谜条猜。正月,官渡"方方利"商店继续举办中型谜会。1986年农历正月初五至初八,县谜协和县文化馆应遵义市文化馆的邀请,赴遵义市区在红花岗剧院、河边公园举办大型谜会。是时,县文化馆领导挑选谜协干将,组成强有力的班子前往。展猜三天,誉满全市,连遵义专署文化局和民委的负责人,也参加竞猜。临别时,遵义市区灯谜爱好者送给"谜乡虎威"荣誉匾。1987年1月,中央电视台设"第一届中华杯电视猜谜竞赛",高德淮进入全国100名射手之一。

1987年的元宵节,农历是丁卯年,全省组织贵阳灯谜大会猜,盛况空前。《桐梓迷宫》布置典雅,对联高挂,彩条飘舞。并展示商品,陈设广告,以宣传桐梓特产。是时,迷宫创办《桐梓迷报》(印发3期)为此期文化活动首屈一指。在桐梓、龙里、黔西和大方"四虎"对峙中,桐梓竞展风流。"桐梓打虎队"到省工人文化宫及大方、黔西、龙里等虎林竞射。势如破竹,扫荡一片,战绩辉煌。桐梓"打虎"队闯贵阳迷宫,不到两小时,共射中几百条谜;接着闯"大方县灯谜擂台",很快攻下悬挂三天未曾攻下的谜条。《贵州日报》和《贵阳晚报》记者闻讯进行了专访,见报端版面,有《巧遇谜王》和《当心,贵阳人,桐梓老虎进城了》之赞语谐词之报道。桐梓灯谜名扬省城,广获盛誉。真是:丁卯战贵阳,桐梓威名扬!

1993年,全省开展评选命名"省级艺术之乡"的创建活动。1993年3月命名的第一批艺术之乡(31个),桐梓县娄山关镇为"灯谜之乡",是全国最早命名的省级"灯谜之乡"。

◆平正仡佬族语言

过去有句民谚:"高山苗,水仲家,仡佬住在岩旮旯。"这描述的是我国部分少数民族的居住环境。其中,仡佬族多数住在山区,他们因地制宜,以石建房,石头奠基,石块砌石板盖顶,但内部却是木结构吊脚楼。贵州省遵义县平正仡佬族乡,是我国建制最早的仡佬族乡,始建于1956年12月13日,也是全国单一冠名的仡佬族乡,现辖6个行政村,总人口21102人。2006年1月,贵州省仡佬学会授予"中国仡佬第一乡"称号。

仡佬族是西南历史上最古老的民族,距今有2100多年的历史。"仡佬"一词最早见于南宋朱辅写的《溪蛮丛笑》。明嘉靖《贵州图经》记载:"仡佬,古称僚。"古僚人是夜郎国的拓荒者和缔造者,属夜郎古国的王族。在古代,仡佬族人口众多,分布区域辽阔。但从唐、宋到清代,仡佬族在封建王朝的统治之下,遭受到残酷的压迫和剥削。元、明时期,仡佬族居住的大部分地区为外族土司统治。为了生存,他们背井离乡,走进了大山。正是这种不屈的精神,仡佬族用他们的智慧和勤劳,在夜郎这片神奇的土地上,创造了自己灿烂的历史文化。

据遵义县平正乡仡佬文化传承促进会副会长朱顺飞介绍,仡佬族是贵州土著民族,平正仡佬族乡是仡佬族的聚居地之一和仡佬族在遵义地区的起源之地,保留有较为原生态的踩堂舞、阳戏、婚丧习俗、祭祀、声乐、蜡染、民族语言及传统服饰等,尤以"吃新节"著称。令人遗憾的是,目前该乡能在日常生活中完全使用仡佬族语言交流的,只有两位已经80多岁高龄的老人。因此,为拯救仡佬族语言文字,该乡从小学开始推广双语教学,目前来看效果不错。

根据该乡仡佬族历史资料记载,为纪念仡佬族先民开荒劈草、倡"和合"、兴"七规"(仁、义、礼、忠、孝、敬、让),每年喜庆或者年末时,平正都要举办由仡佬族、苗族、汉族等部分人员参与的宴会,人们都会拿出自家最好的饭菜,聚集在村中祠堂斗酒斗菜,开展芦笙舞、山歌对唱等少数民族活动,共叙一年的辛勤耕耘、共庆一年的丰收喜悦,这就是仡佬族传承至今的"六合宴"。而平正仡佬族乡一直倡导"和合"理念与"六和"精神,为促进民族团结和繁荣发展起到良好的推动作用。

附录二 传统音乐

◆ 海龙薅秧歌

海龙薅秧歌堪称黔北汉族民歌中的"瑰宝"。它历史悠久,歌腔丰富,风格浓郁,具有旺盛的生命力和独特的艺术魅力。一个能劳动、能歌唱的"村寨部落"式的歌唱群体,传唱着老一辈留传的数十首薅秧歌,原原本本地保留了汉族民歌的精华,形成了丰厚、罕见的民间艺术资源。

黔北自古就有地方民歌、山歌、打闹歌、薅秧歌、花灯、傩戏、阳戏等民间文化。即使在杨氏土司家族漫长的统治年代,也有着"重仕礼""开艺文"的世风,海龙薅秧歌在广阔、深厚的民间文艺土壤中得以滋生、繁衍。据说,清朝末年,四川的陈长安、陈友才二人迁徙来遵,带来了四川的"老号子",在田间劳动时高唱,众人觉得好听,也跟着学唱,于是薅秧歌在海龙上坝地方传开(从现今的薅秧歌的曲调、唱词、衬词中还可触摸到巴蜀民间歌曲影响的某些痕印)。薅秧歌在长期的演唱实践中,逐渐形成了以单声部为主体的无伴奏演唱形态和自身特有的演唱风格。

追忆20世纪50年代,是遵义民间文艺崭露的辉煌时期,为全省所瞩目,海龙薅秧歌相伴着遵义花灯中著名的"双红"——蔡恒昌("红军灯")、李祖德("红军送我一把壶");家喻户晓,脍炙人口的民歌("牵牛郎郎要结亲")等一大批优秀节目在文艺百花苑中争奇斗艳。1957年海龙乡以张士禄、张步舟、陈德安、袁清云、李育才、冯会珊6人组队参加遵义市及贵州省民间文艺会演,后被选送到北京参加全国民间文艺会演,受到首都观众的热烈欢迎和好评。那时,许多省的演出都要邀请遵义的海龙薅秧歌同演;并在苏联展览馆的联欢晚会上与四川薅秧歌手同台演出,号称"薅秧歌王"的张士禄的演唱,颇受观众的青睐,异口同声呼叫:"贵州好!"观众激情高涨,将张士禄抬起进入场内。时任国务院副总理的陈毅同志对贵州代表团非常关爱,专门邀请到他家赴宴,在座的还有周恩来总理;刘少奇主席和司法部、公安部等单位也邀请海龙薅秧歌演出。一个多月的时间,海龙薅秧歌在京演出达30多场次,可谓盛况空前。1958年海龙乡成立了50多人的文工团,大家都学唱薅秧歌,吸引了许多文化工作者如陈腾、王永康、陈斗墟、李义等同志前往收集民歌,辅导演出。贵州省著名音乐家潘名挥先生对海龙薅秧歌极为喜爱关切,亲临指导过演唱和组队;张步舟、袁清云所唱的民哥《鸣虫结婚号》成为他创作改编遵义民歌民曲《牵牛郎要结亲》的重要基础资料。遵义市音乐前辈陈腾先生是最先重视,准确记录海龙薅秧歌的人士,现仍珍藏20世纪50年代搜集记录的海龙薅秧歌十余首,弥足珍贵。

20世纪80年代原遵义市音协刘铠,王德埙等音乐家深入海龙,搜集记录数十首,纳入了《遵义市民间歌曲集成》。1991年由全国多家电视台联袂拍摄的大型系列专题片《西部之声》,对海龙薅秧歌作了重点推介。

海龙薅秧歌具有丰富的艺术特色,首先,涉猎的题材内容十分广泛,最重要的是直接表现农业生产劳动,也有反映劳动人民的多方面的生活内容,如爱情、择偶、婚嫁、住居、匠艺及历史人物和自然景物等。新薅秧歌还加进了歌颂党的领导、改革开放、科技致富等紧跟时代的重要内容。

其次,歌腔丰富。历年来搜集到的数十首曲目,分属"号子""山歌""小调""戏曲音调"等类别,旋律性极强,好听耐听,易于上口,是海龙薅秧歌流传至今的重要因素,凝聚了不少民间艺人和群众的创腔才华。如《梳妆调》《乱蛤蟆》《六月太阳大》《呼郎号》等一大批曲目,旋律或抒情优美,或起伏跌宕,高扬处明亮热烈,低迴处圆润动人。创腔手法多种多样,调式调性选用,洽切。

"无词歌"是海龙薅秧歌又一特色。音节的特殊歌曲形式,在西文的艺术歌曲和练声曲中经常使用。海龙薅秧歌中则有如《唆唆号》《连飞号》等一类通篇唱着"唆羊合罗"等衬词或极不完整意义词语的曲目,抒发、渲染着劳动的情绪,产生"言有尽,意无穷"的意境。

根据著名曲藉《遵义府志》对黔北花灯的精辟描述模拟成下文:"盛夏,男女遍布田间,背双手,弓双脚,边歌边唱薅秧。"天造地设的"背双手,弓双脚"的姿态,就是薅秧歌表演的独特性和艺术化的天然素材和亮点。

◆正安仡佬族高腔山歌

仡佬族高腔山歌系民歌体裁之一,以传统划分,有大山歌和小山歌两类:大山歌又称"高腔山歌",其唱腔高亢有力、粗犷奔放,感染力大,穿透性强,旋律舒展起伏较大,节奏悠长自由,演唱时常用"假声";小山歌为平腔和低腔,唱腔音域较窄,节奏欢快,旋律起伏小,且具有一定的吟诵性质。山歌题材广泛,内容丰富。有盘歌、劝世歌、情歌、劳动歌、生活歌、时令歌、薅草打闹歌、扯谎歌、故事歌和唱事物、唱男女调情及一些极具戏谑性内容的山歌等。歌词以七言为主,其词意境含蓄,押韵上口,善用"比""兴"手法,尤以双关见长,语言生动朴实、通俗易懂。演唱形式多为独唱,兼有对唱和帮腔形式。

仡佬族高腔山歌是农耕文化的产物,具有悠久的历史。据《周礼·地官·鼓人》中记载:"掌教六鼓四金之声音,以节音乐,以和军旅,以正田役。"以金鼓正田役是奴隶社会农奴从事田间劳作的一种特有形式。仡佬族的祖先"濮人"是古老的稻作民族,世代以耕作生息繁衍,他们在长期的社会生产生活实践中用智慧和勤劳的双手创造了农耕时代的文明,以致在后来的战争中民族不断迁徙、藏匿于大山,但民族仍固守着原生文化,并承传至今。传承的民族群体以仡佬为主,土家、苗次之。

高腔山歌是仡佬民族的一种古老而独特的原生态山歌,历代在正安民间广泛流传。正安乃东汉名儒尹道真先生的故里,地处黔北边陲,历有黔属门屏之称,境域在所处的特殊地理位置条件下,融合了巴蜀文化、夜郎文化与中原文化,形成独特的地域性文化现象,其山歌在历史的发展进程中通过不断吸收新的文化因子来增其活力,形成了独特的山地文化,具有鲜明的地域性民族文化特色,在人类学、语言学、民俗学、地域学等方面的研究都具有很高的价值。

高腔山歌是民族的精神食粮,是民间音乐的珍宝,历代对民族日常生产生活产生巨大影响。近年,山歌在2012年参加多彩贵州歌唱大赛获二等奖;2013年年初,贵州省广播电台录制《山旮旯里跳动的音符——正安仡佬族高腔山歌》,播放后引起了极大的社会反响,起到了宣传保护意义。同年,各传承地联合乡镇文化站及中小学开展传习活动,当地将山歌纳入乡土教材内容,使山歌走进课堂,成为培养青少年接班人的重要途径。

正安仡佬族高腔山歌题材广泛,内容丰富。有盘歌、情歌、时令歌、打闹歌、扯谎歌等。

盘歌又称谜语歌,是民族山歌的一种歌曲形式,歌词内容是问和答日常生产生活中的器物、人物、事件等。如盘器物和农作物:"什么出来高又高?什么结在半中腰?什么出来粮盖打?什么出来棒棒敲?"解:"高粱出来高又高,苞谷结在半中腰,豆子出来粮盖打,芝麻出来棒棒敲"等。

情歌在民族山歌中占主要地位,其题材宽广、歌词朴素、意蕴含蓄、耐人寻味。如《雁儿飞过九重岩》:"雁儿飞过九重岩,十八小姣好人才。人才美貌,美貌人才。头顶花帕,脚踏花鞋。手提招风,摇动风来。细脚细手,走起拢来。细明细眼,走起拢来。细起身子,倒在郎怀。问一声情哥?转去请媒来。转去请媒媒不来,姣有心郎有心,郎变鹞子姣变鹰。飞齐半天合一致,不要媒人合天婚。"这是一首歌颂仡家青年男女自由恋爱的歌,歌词具有浓浓的诗意,出现较为少见的四言歌词,将恋爱中的男女青年比喻成两只相恋的大雁,暗喻了爱情的忠贞不渝。

时令歌是劳动人民根据季节而编的歌,也是民族山歌中的内容形式之一,如《十二月歌》:"正月就把龙灯耍,二月就把风筝扎。三月清明把坟挂,四月立夏把秧插。五月龙船下河坝,六月手把花扇拿。七月月半袱子画,八月中秋看月华。九月重阳糍粑打,十月又把红苕挖。冬月雪花飞下坝,腊月就把年猪杀"等。

打闹歌是介于民族山歌和号子之间的特殊歌种,即兴性较强,以插秧、耘秧、薅秧等农事生产为主要的表现内容。其内容也非常丰富,有歌唱爱情、唱农民辛劳、唱闹师职责、唱生活、唱事物、唱做人、唱教育子女、唱干活、唱古人,如"自从盘古开天地,三皇五帝治乾坤。神农皇帝治五谷……罗音秀才治乱草,一把乱草薅不了。""太阳出来晒死人,望你黄天起朵云。起股乌云来遮到,黄天不苦有心人"等。

扯谎歌是民族劳动时或闲时唱以逗乐和缓解疲劳、增强氛围时唱的歌,如:"太阳落土又落坡,听我唱首扯谎歌。早晨看见牛下蛋,黑来看见鬼收窝。两个姑娘在打架,娃儿丢在两边坡。两个和尚在打架,头发扯在后颈窝。两个尼姑在打架,叫她老公快快拖……"等。

除上所述之内容,另还有劳动歌、生活歌、故事歌和唱男女调情及一些极具戏谑性内容的山歌,比如:"远看小姣在山坡,背上背个篾箩箩。三升芥壳背不起,十个丈夫不嫌多"戏谑性内容的及"昨夜会妹会不着,今天会妹人又多。人多事多难开口,眨个眼睛各走各"调情内容的等。其内容丰富,形式多样,不可尽数。

正安仡佬族高腔山歌的歌词以七言为主,其词意境含蓄,押韵上口,善用"比""兴"手法,尤以双关见长,语言生动朴实、通俗易懂。演唱形式多为独唱,兼有对唱和帮腔形式。其唱腔高亢有力、粗犷奔放,感染力大,穿透性强,旋律舒展起伏较大,节奏悠长自由,演唱时常真假声交替。

仡佬族高腔山歌是仡佬民族集体智慧的结晶,其山歌伴随着农事不分时令、不分工种,凡户外活动都可以演唱。仡佬族高腔山歌是民族历代承传下来的一种古老而独特的原生态山歌,歌呈现出浓郁的生活气息,洋溢着仡佬民族热爱劳动、热爱生活的乐观主义精神和坦率、真诚而又奔放的民族性格,以及崇尚踏歌的民族习性。

附录三 传统舞蹈

◆ 打杯舞

打杯舞主要流传在茅台地区。打杯舞以酒杯为道具,又名"酒杯舞"。舞者双手各执两个小酒杯,依节奏碰响酒杯。声响铿锵、清脆,独具一格;其节奏强劲,动作质朴、豪放、粗犷,是一种颇具地方特色的民间艺术。

打杯舞不受时令约束,可即兴而舞,也可登台表演。表演时有 2 人、4 人、6 人、8 人、10 人、12 人等多种形式,可设领舞。

历年来,仁怀各地酿酒者和烧房主,在开始酿酒之前,都要举行隆重的祭水活动,祭祀酒神和水神。酒神是杜康,又叫祭杜康。祭水神主要是祭祀禹和玄冥,也有祭祀龙王的。祭祀酒神和水神,通常分别进行,水是酒的源头,故先祭水神,后祭酒神。亦有个别地方,把酒神雕像或神主牌位移至水边,与水神同祭。

仁怀市的祭水活动,主要流行于赤水河沿岸村镇,尤以茅台地区最为隆重。这一带的酒坊多,酿酒用的都是赤水河的水。国酒茅台的酿制,也离不开赤水河水,易地酿造就不行。俗话说,"一方水土养一方人",这一方人怎能不对养育他们的"水"感恩、崇敬呢?所以每年人们都要举行隆重的祭水活动。祭水活动,每年重阳节举行,有祭祀仪式,有歌舞表演,娱神娱人。打杯舞就是其中一项。

打杯舞以酒杯为道具,又名"酒杯舞"。舞者双手各执两个小酒杯,碰响酒杯。声响铿锵、节奏明朗,清脆悦耳,独具一格;男女青年们,穿着漂亮的衣裳,唱着优美动听的民间歌谣,在清脆的酒杯节奏声中,自由、潇洒地舞蹈,或舀水,或饮酒,或劝酒,或展现酿酒的劳动过程,动作质朴、豪放粗犷,清新悦目。

打杯舞的由来,民间有一传说:从前,赤水河的水浑浑的,酿的酒又燥又辣,很不爽口。人们酿酒用水,要跑到远远的山涧中去挑,很是辛苦。有一天,来了一位仙女,她拿着两只金杯,金杯里装着满满的美酒,她缓缓地把酒倒入赤水河里,赤水河的水顿时变得又清又亮了。从此,人们就用赤水河的水酿酒,酒也变得又香又甜,举世无双了。为了感谢仙女送来酿造美酒的好水,人们创编了打杯舞,年年在祭水活动中表演,不断丰富,世代铭记。

近年来,祭水活动的内容、程式、祭具、供品都有了一些变化,打杯舞作为民间原生态艺术,依然保留了下来,并得到了较好的传承。

附录四　曲　艺

◆ **黔北说春**

　　说春是黔北乡村特有的一种民间文化,就是春倌在递送农历表(这种历表乡村人称为"春历",其性质与现在的挂历相同,递送春历的人叫春倌)时说说唱唱的那一套。说春这种称谓非常美妙而富有想象力,因为干说春这活儿的人,都是在每年农历的最后三个月,他们的出现就意味着第二年的春季快到了,就像一只报春鸟,向人们送来了一丝春的信息。

　　这种春历的制作是用原始木刻印刷,上面写满按天干地支排列的"甲子",标有二十四个节气,右侧通常写着明年的自然预告,如"二龙治水"就说明明年雨水充沛,不会干旱。"五马驮谷",用五匹马驮运谷子的形象刻画说明来年是一个丰收之年。"两屠共猪"是告诉人们,明年六畜兴旺,家家有猪杀,有肉吃。紧接着印有刻板印刷人的姓名和具体住址,与现在印刷品的出版处的性质没啥两样。正下方是4个人物图案。分别是"渔、樵、耕、读",这4个图案由于地域文化和传统文化的不同,也有各种版本的解释和传说,但是相同的是都融含着人们对多姿生活的美妙梦想和追求。这种梦想是乡村人千百年来对故土、山水、草木等生命灵性的虔诚膜拜。送春历在村人眼里是下贱活儿,一张春历送来,说唱一阵后,主人家打发五角或一元没定价,没钱舀两碗谷子、苞谷即可以。拿多拿少主人家都不在意,关紧是看春倌会不会唱,如果唱得有板有眼,多给点也无所谓。

　　说春的人大都是上了年纪的,他们往往拄着一根木拐杖,拐杖上拴着一小撮土麻,手中还拿一"头"栩栩如生的木牛,其实就是一件很传神的根雕艺术品,乡下人叫"春牛"。这寄寓着桑麻农事、春耕在即的意思。春倌刚到主人家院子里就开声大唱:"春倌来了又来了,今天春倌来得早。"乡村人是不会拒绝春倌的。立即出门招呼春倌,同时大开平时常关的中堂大门。这时春倌不慌不忙,一走一唱地走到中堂门槛前,然后抑扬顿挫地高唱跨门调:"我左脚跨进生贵子,右脚跨进贵儿生。我双双脚儿齐跨进,主家富贵繁华今日生。"一串吉祥话,主人自是乐意十分,忙将春倌迎进堂屋,在祖宗香案前,春倌有序地摆放好春牛,土麻,然后恭恭敬敬地鞠一下躬,算是对主人家祖上的尊敬。这时主人家立即递上几片旱烟叶,春倌即唱:"这家主人真大方,进门就把烟来装,不提烟来不说烟,说起烟来根源深……",接着就是一长串传奇、有趣的唱词,音韵流畅,通俗易懂,朗朗上口。烟事唱完,主人家又递上一碗热茶,春倌即兴唱道:"说起茶来有茶经,提起茶来有庚申,茶事本从唐朝起,茶事本从唐朝兴,唐朝有个唐三藏,他到西天去取经,来时没把别样带,带来茶叶十二斤……",春倌由茶说史,起伏有韵的唱腔娓娓动听,饶有情趣。在精神生活缺乏的过去,乡村人听得一曲说春调自是一桩乐事。

　　春倌的最后一道程序是对着主人家列祖列宗的神位唱一些敬祖上、祝后世的吉祥话。如说主人五子登科、大富大贵升官发财之类的,唱罢就向神位鞠躬三下。这时主人把钱物摆放在桌子上,大方的主人大都给1元2角,象征十二个月,月月火红,月月进财。这钱春倌是不能全收的,至少要退还主人家两角钱,这叫进财。同时春倌还要说几句祝福话:"取了主家财,明中去了暗中来,自从今日朝贺后,早进银子晚进财。"主人也不会推卸这寓含着明年财运的钱,满脸灿烂地收下,并说一些招呼不周、多请原谅之类的谦虚话。

春历对乡村人的农业生产具有很高的指导性,它上面刻写着气象预告、时令节气等与农民生产生活息息相关的农业常识,在农村至今都有"来年饭,春历看"的谚语,可见春历之于农民生产生活的重要性。诚然,现在春历也被漂亮多姿的挂历代替了,那朴实无华的说春词调子,犹如一曲古老的山歌,越来越远离现实生活和人们的记忆,但是,春历拥有的特性质朴和文化蕴含是永远令人回味和惦记的。

◆ **竹琴表演艺术**

竹琴又名道琴,正安民间俗称"嗤嗙嗙"。嗤嗙嗙之称谓乃是在竹琴演出时,演出者打击竹琴底部的琴膜发出嗤—嗙嗙、嗤嗤—嗙、嗤—嗙—嗤嗙嗙等节奏而得名。竹琴表演形式主要以说唱为主,属说唱相间的枝牌混合体,其唱调融黔北民间小调、京剧调、川剧调、评剧调、越剧调等为一体,形成的综合唱调特征较明显,有"思玉竹乃八音词调不同"的说法。竹琴表演对场所的选择具有随意性的特点,其表演场所主要在古时的茶馆和驿馆内,有时也在街道旁,甚至在山寨古岭、地里田间也可以进行表演。

竹琴主要分布在正安县城北安场镇、杨兴乡和新州镇三个相邻乡镇一带,其流传区域线路为安场—杨兴—新州—重庆南川,这与古时川、黔通道线路有着密切关系。在竹琴的流传线上,杨兴乡、新州镇因老一辈艺人相继逝世,未有传承人传承下来,现已绝迹,今仅安场镇有唯一者完整传承。

竹琴相传源于八仙之一张果老,民间历代言传张果老倒骑毛驴打竹琴之说,张果老以打竹琴劝人为善,采取这样的方式目的是容易让世人接纳,如今竹琴也继承了这一优点,以指责恶俗、弘扬美德为根本,宣传中国古老而优秀的文化传统和美德。竹琴的表演内容有《月下盘貂》《碎琴》《樊馆借头》《古城会》《空城计》《惊梦》《二十四孝》《风波亭》等及各历史时期民间流传故事。竹琴自产生以来,就以一种特殊的文化形态在黔北、川南一带民间广泛流传,渗透于人民的精神文化生活中,形成一种独具特色的民族民间文化体系。清代时期,竹琴在黔北、川南一带是最盛行的阶段,竹琴艺人四处游走各府、州、县进行表演,在当时,这种形式虽说是民间艺人的一种生存之道,却在传承中得以发展和延续。民国时期,安场成立竹琴会,其竹琴会会员除本地有名望的竹琴艺人外,另有成都、重庆等地有名的竹琴艺人,这些会员经常聚集在安场相互交流和收徒传授技艺,并时常组织到重庆、成都、遵义等地进行游演。随着时间的流逝,老辈的竹琴艺人相继谢世,而今几乎绝迹,这种独具特色的表演艺术、民间文化将成为人们永恒的记忆。

竹琴属流动性比较强的民间曲艺,1921年安场民间成立竹琴会,当时会员有赵碧如、赵瑞如、娄明清、解云华、杨永和等人,后因战乱,再加上老一辈的竹琴艺人相继逝世,竹琴会也自动解散,步入衰落,直至现在基本上已处于绝迹状态。

霍长伦小时从师于安场竹琴会会员赵瑞如先生,曾随其在四川、重庆等地多年游演。后又拜当时有名的竹琴艺人黄云峰先生为师。据霍长伦讲述,其师黄云峰先生6岁学艺,9岁时曾又拜昆明一个姓陈的先生为师,今追溯黄云峰先生及赵瑞如先生上一代师承,则言不清。

竹琴在正安,清代及民国时期曾一度盛行,但由于历史原因,竹琴在人们的生活中自行中断,已失去它展示的舞台。其一,随着时间的流逝,老一辈艺人相继谢世。其二,近些年来,伴随着全球经济一体化的进程和社会的发展,人们不屑光顾传统的历史文化,一味否认历史,割断文明,将其视作陈旧和土气低俗,传承艰难,后继无人,早已失去昔日的光彩,步入消亡的低谷。竹琴也同其他文化遗产一样,没有了展示的舞台,现急需采取有力措施,制订保护和传承计划,使这一特色得到有效保护和抢救。

附录五 传统技艺

◆大娄山藤编技艺

娄山关藤编起于20世纪60年代，相传是当地农民周先文在四川学习藤编后回乡，带动全村及板桥镇周边村寨发展藤编产业，逐渐形成了板桥古镇藤编一条街，2004年组建农村合作社经济组织——娄山关藤编协会，现有藤编农户63人家，其中6家农户集中对外销售。

藤编原材料主要是方竹、野生青藤。藤编工具有刀、锯、喷灯、钻子等。藤编工艺主要有采割青藤、水煮青藤、青藤剥皮、漂白、晾干，依粗细筛选，有方竹按比例制作产品成型骨架、编织、去毛修整、开水杀菌、晾干、上漆等。主要产品有罗汉型沙发、新式老式沙发、各种茶几、躺椅、沙滩椅、逍遥椅、团椅、贵妃椅、餐椅、餐桌、花篮、花架、藤帽等。藤编制品图案花色主要有木心花、米字花、菱形格、菊花、牛眼、寿桃、日月同辉、二龙戏珠、孔雀开屏等。产品主要销往省内各大城市，还远销到天津、广州、陕西、四川、重庆等省市，深受用户青睐。

娄山关藤编是以野生青藤和方竹为基本原料，经过传统手工扳压、编织而成，具有工艺精美、造型美观、式样高雅、色泽别致、舒适凉爽、透气吸汗、轻巧耐用等特性，是家居、宾馆、酒店和茶楼理想的用具。

2006年12月20日，遵义市人民政府下发通知（遵府发〔2006〕25号）：经市非物质文化遗产保护委员会专家委员会严格评审，市非物质文化遗产保护委员会审核，市人民政府公布了我市首批非物质文化遗产名录……大娄山藤编技艺被公布为遵义市首批非物质文化遗产，属于民间手工技艺类。

娄山关藤编历史悠久，还未建高速公路前，穿镇而过的210国道两旁就摆满了村民们编织的各式藤椅，不少驾车者经过这里都要买上几对，生意红火时年产值达200万元。后因遵崇高速路开通，车流减少，藤制品经营沉寂下来。近年来随着红色旅游和乡村度假游的升温，前来娄山关、板桥一线游玩的游客增多，他们发现这里不仅有传统藤椅，还有很多爱不释手的藤编工艺品。

而将藤编工艺品推向市场的是板桥镇返乡农民工马毅夫妇。他们俩曾在广东某家具厂从事藤编工作多年，2009年返乡后见家乡旅游业发展势头很好，藤编业充满商机，决定留在家乡创业。他们根据市场调查和多年在外工作的经验，整合资源，成立公司，重点开发藤编工艺品，产品一经推向市场，就备受游客青睐。这也引起了政府有关部门的重视，在区镇开展的各种文化旅游活动和特色产品开发中，藤编都作为重点项目推出，并积极给予资金支持，谋划实施产业化经营，带动传统藤编制品转型升级，做强做大板桥藤编业。

◆绥阳竹席编织技艺

绥阳竹席以绥阳旺草手工竹席为代表。旺草镇地处贵州省遵义市绥阳县北部,这里是一代经师大儒、东汉教育家尹珍设馆讲学15载、传播中原文化的地方,还是贵州省文化厅命名的书画之乡,同时又是远近闻名的手工竹席编织之乡。

绥阳旺草竹席因其世代传承、技艺独特、编织精美,在贵州乃至全国享有盛誉。大约在明清时期就开始传承竹席编织技艺,迄今已有400多年历史。以旺草镇广怀村张氏家族为代表的旺草手工竹席曾于1914年(民国三年)、1966年、1993年三次代表贵州参加全国的广交会竹制品展览,并获得了很高的荣誉;2006年,该竹席又荣获绥阳县2006"多彩贵州"旅游商品能工巧匠选拔赛一等奖暨2006"开磷杯"多彩贵州商品制作能工巧匠"遵义名匠"优秀奖。

绥阳旺草竹席又称青篾席,在长期的生产和生活实践中,创造了独特的竹席编织技艺。因选用本地优质钓鱼慈竹,经选篾、下篾、洗篾、划篾、启篾、晒篾、编篾、包篾、折篾十多道工序,纯手工编织而成,具有鲜明的地域特色,其他地区的手工竹席无法与之相比。

选篾即选篾料,也就是选竹子。选竹时用砍刀将竹林中所看中的竹子砍断。选竹很重要。旺草竹席的独特之一在于选用的是本地生长的直径大小为3~5厘米的一年生钓鱼慈竹,因为老了缺乏柔性,嫩了没有韧性,都不理想。这种竹子还有一个最大的优点就是竹节之间的间距较长,易于启篾和编织。选竹篾和编织加工的最佳时间一般在农历的四五月和九十月间。

下篾即下竹料,根据竹席宽窄确定竹子材料的长短,一般是四尺宽、六尺长。

洗篾又叫洗竹,就是用水将下好的竹篾洗干净,使竹篾保持青翠、光洁。

划篾,将下好的竹篾用划刀划破,先划成篾块(竹块),再将篾块划成篾片(竹片),最后再将篾片划成篾丝(竹丝)。旺草竹席的独特之二是能将一块3厘米宽的篾片(竹片)均匀划成10根篾丝(竹丝),技艺高超者可达11~12根篾丝。划篾一般需要3~4天。

启篾又叫启篾丝、竹丝、篾条,把划好的篾丝一层一层地启。启篾的时间最短也要3~4天才能完成。启篾时用的刀很特别、讲究,是一种用木头做的专用篾刀。一般情况下一根篾丝启4层,一层比一层薄,这样才能达到柔软、光泽的程度。第一、第二、第三层均不要,去掉,第四层(即纯青篾层)才用。启到最后一层即纯青篾层时,用笋壳包着篾丝,一头用嘴咬着篾丝撕启,即边撕边启。这是一道难度较大的工序,达到此种程度时,篾丝薄如蝉翼,能照见人影,能透过阳光,此乃旺草竹席独特之三。

晒篾,将启好的篾丝(竹丝)挂在架上晒干或晾干,为打席做准备。晒篾时间在1小时左右为宜,时间长了水分蒸发过多、太干,不柔,竹篾无法保持原状。

编篾即打席子,用晒干或晾干的篾丝编织竹席。打席前先将晒干的篾丝进行"回篾"(即把篾丝放地上回湿、回潮,使其变柔、不断、好打)。单是打篾这道工序就需花上3~4天。打席时篾丝颠倒间隔使用,边打边加篾丝,边用木尺刀将篾丝"砍拢"、扣紧,这样才能使篾席保护宽度均匀、不掉角。打至一定程度时便进行"抖篾"(用手提起,将篾丝抖顺、抖伸展),然后接着打。打席(编篾)大致分五个步骤:起头、打对角、打长角、打小角、剪边。

包篾又叫包边,将打好的竹席进行包边、修饰,使其美观。

折篾也叫折席,将编织完成的竹席进行折叠。一张四尺宽六尺长的竹席能折成长约20厘米、宽约 13 厘米的长方块，或折成高约 17 厘米、直径约 10 厘米的圆柱体，能折 48 层、裹（卷）32 圈，能装进一个小挎包内，便于携带。一张四尺宽六尺长的竹席需要 150 斤原竹料，编织加工完后却只有 2 斤左右重，这便是绥阳旺草竹席的又一独特之处。

打完一张上品竹席，需用长篾 700 多丝、短篾 400 多丝、共用篾丝 1100 多丝，经过以上手工技艺加工、打磨，大约 15 天才能完成。

绥阳旺草竹席别具一格，"选篾、下篾、洗篾、划篾、启篾、晒篾、编篾、包篾、折篾"等多道工序，全用手工操作完成，技艺独特、精湛考究，柔软可折、美观耐用，故而久负盛名。

至今，在当地还保留着将竹席作为女儿出嫁时陪嫁的民间习俗，这样女儿嫁到婆家后，不光有住的、穿的、吃的，同时还有睡的。竹席使用时间长、不变质，表示女儿一辈子幸福。据有关专家考证，因地质、水质、气候、日照等多种因素的不同，生长在芙蓉江河畔的旺草钓鱼慈竹，含大量对人体有益的各种微量元素。长期使用绥阳旺草竹席具有降压醒脑、舒筋活络、清热凉血、延年益寿等保健功效。最适合高血压、心脑血管疾病患者使用，尤其是产妇使用，有利于子宫收缩后排污，恢复身体健康。绥阳旺草竹席在民间手工技艺研究中具有不可替代的作用，具有较高的民间手工技艺传承、研究、发展、保护等价值。

在旺草，现从事手工竹席编织者均为散居在民间的农民，他们一边从事生产劳动一边经营竹席生意。但编织者多为五六十岁以上的老人。加之生产周期长，手工技艺复杂，市场需求量小，年轻人多不愿意学，即使学会的也都放弃手艺外出务工挣钱。旺草竹编技艺存在着严重的技艺失传和后继乏人的状况。目前的主要传承人有张天福、张志光、张兴泰、张学昌、张景学等。张氏兄弟张学昌、张景学除应政府之邀参加一些竹制品展销和赛事活动外已很少从事竹席编织，主要原因不外乎经济收益。据张学昌介绍，除竹席外，他还可以编织蚊帐、帽子、坐垫等很多样式，但现在几乎不编了，其费时费力不说，销路也不好。一张手工编织的普通竹席现在的价格在 800 元左右，高昂的价格几乎无人问津。因此，他也逐渐藏起了编织技艺，也不太热心传授。调查中也发现，他们并不靠此维生，他们从事的其他行业的收入远高于竹编的收入。

2007 年，旺草竹编技艺被列入省级非物质文化遗产保护名录，政府部门的保护热情高涨，但传承人却是态度冷淡。笔者认为，政府部门应切实分清非物质文化遗产的传承主体和保护主体之别，传承的主体在民间，行政类的指派工作可以促进非物质文化遗产的对外宣传，但传承的链条是否完整还在于传承人自身的发展。在如今的市场经济条件下，每个人都有追求自身经济发展的权利，非物质文化遗产传承人也不例外。当他们曾经赖以谋生的手艺无以为继时，他们不得不转向其他的方式，对此我们无可厚非。要想旺草竹编的技艺得以继续传承，我们必须扩大竹编产品销路，以实现更高的经济价值。否则，也许以后我们只是久闻其名，而不能见其实了。

◆ 董酒酿制技艺

董酒产于中国优质白酒核心区——贵州遵义，是中国老八大名酒，贵州省仅有的两大国家名酒之一。它是历代传承着中国传统文化深厚根基的民族瑰宝，是承袭中国数千年酿酒文化脉络的真正活化石，代表了中华民族千年沉淀的中医养生文化，是中国白酒行业中极具中华民族特色的传统产品。

董酒曾在全国第二、第三、第四、第五届评酒会上四次蝉联"中国名酒"称号，并荣获国家金质奖章。2008年8月由国家主管部门正式确定"董香型"白酒地方标准,而董酒则是国内"董香型"白酒的典型代表。

董酒离不开其产地遵义市,这里地处低纬高原、冬无严寒、夏无酷暑、植被茂密、泉水甘醇,适宜酿酒。在魏晋南北朝时期,这里就以酿有"咂酒"而闻名。《峒溪纤志》载:"咂酒一名钓藤酒,以米、杂草子为之以火酿成,不刍不酢,以藤吸取。"到元末明初时出现"烧酒"。民间有酿制饮用时令酒的风俗,《贵州通志》载:"遵义府,五月五日饮雄黄酒、菖蒲酒。九月九日煮蜀黍为咂酒,谓重阳酒,对年饮之,味绝香。"可见,董酒正是传承了酒的根、中国白酒的真谛和酒文化的灵魂——"药食同源、酒药同源",在制曲过程中加入130多种纯天然草本植物,酿造出风味独特的"本草之酒""百草之酒"。

通过程明坤等先人们对董酒酿造工艺和配方的代代传承、不断总结、归纳和演进延续,使董酒采众家制曲之长,集酿造工艺之优,创酿出酒质独特的"药香酒"。此酒特选130多种纯天然草本植物参与制曲,经过发酵、蒸馏而进入酒中,使其既有大曲酒的浓郁芳香,又有小曲酒的柔绵、醇和、回甜,还有微微的、淡雅舒适的药香和爽口的微酸,酒体丰满协调,深得坊间酒肆青睐,并很快越出黔地,至20世纪二三十年代便成为贵州乃至西南名酿。

1935年红军两万五千里长征两次经过遵义时,红军将士曾品尝过董酒,领略过董酒的神韵,为红军解乏疗伤,把董酒带上了漫漫的长征路,留下了许多美丽动人的董酒故事……

抗日战争时期,浙江大学西迁遵义。教授们践行实地了解民情来到董公寺,在了解董酒的酿造工艺和配方,品饮董酒(当时叫程家窖酒)后,赞不绝口。

浙江大学教授们认为,此酒融汇130多种纯天然中草药参与制曲,是百草之酒,是"药食同源""酒药同源"真正酿酒起源的传承者。而董公寺的"董"字由"艹"和"重"组成,"艹"与"草"同意,"重"为数量多之意,故"董"字寓意"百草"。同时此酒产于低纬高原、冬无严寒、夏无酷暑、植被茂密、泉水甘醇的极其酿造美酒之地,加上独特的酿造工艺、制曲配方和香味组成成分,充分体现了天人合一、和谐共生的思想,使其成为最正的酒。而"董"字在《楚辞·涉江》"余将董道而不豫兮"中,其义正也、威也,有正宗、正统、正派、正根、威严、威重之意。"董"字本身的文化内涵与董酒的文化内涵,同时此酒又产于董公寺,这三者具有传奇般的巧合。随即,教授们提议将"程家窖酒"命名为"董酒",希望董酒继续秉承"药食同源""酒药同源"的人类酿酒真谛、传承发扬"百草之酒"。

董酒以独特的工艺、独特的风格、独特的香味组成成分,造就了董酒独树一帜的高品质健康名酒典范。

(一)董酒风格独特

董酒风格独特,早被行家们归纳为"酒液清澈透明,香气幽雅舒适,入口醇而浓郁,饮后甘爽味长"。具体一点讲,董酒既有大曲酒的浓郁芳香,甘洌爽口,又有小曲酒柔绵醇和与回甜,并微带使人有舒适感的药香及爽口的酸味,饮后不干、不燥、不烧心、不上头、余味绵绵。细品董酒风格独特之处,更能让人感到饮用董酒是一种高尚的享受。

(二)董酒香味组成成分独特

董酒公司与贵州省轻工业厅科研所合作初步探明,董酒的香味组成成分独特。除了各种香味成分组成与其他名优白酒不一样,还具有"三高一低"的特点。"三高":一是董酒丁酸乙酯高,丁、已酯比是其他名优白酒的3~4倍;二是高级醇含量高,其中主要是正丙醇和仲丁醇含量高;三是酸含量较高,酸含量主要由乙酸、丁酸、乙酸和乳酸四大酸类组成,总酸量是其他名优白酒的2~3倍。"一低"是乳酸乙酯含量低。董酒乳酸乙酯含量在其他名优白酒的1/2以下。这些香味成分的组成独特,对形成董酒独特风格和养生功能起到关键作用。

(三)董酒的生产工艺、配方独特

董酒采用优质高粱为原料,小曲小窖制取酒醅,大曲大窖制取香醅,酒醅香醅串蒸而成。其工艺简称为"两小,两大,双醅串蒸"。这一独特精湛的酿造工艺造就董酒的典型风格:既有大曲酒的浓郁芳香,又有小曲酒的柔绵、醇和、回甜,还有微微的、淡雅舒适的药香和爽口的微酸,酒体丰满协调。

经常科学饮用,可以起到疏通经络、宣通气血、扶正祛邪的作用,从而达到调整机体平衡功能的目的。

国学大师饶宗颐及中国武侠文坛泰斗金庸先生品鉴了董酒,赞许有佳,并做出了很高评价。金庸先生还专门为董酒题词:"千载佳酿,绝密配方,贵州董酒,中国名酿。"

◆ 浓香型习水大曲酿制技艺

贵州习水大曲,系浓香型白酒,浓香馥郁,香味协调,回味绵甜柔润,被誉为我国第二茅台。产于习水县习酒镇,习酒镇驻地黄金坪。黄金坪位于赤水河北岸,原是南庙公社金星大队一个生产队的名称,1984年改为黄金坪村民组。正是这年,其境内习水酒厂生产的新产品"习酒"被评为遵义地区名酒、贵州省优质酒,并获省、部级科技成果奖。为提高当地的知名度,上级政府把金星大队更名为黄金坪村。1992年成立习酒总公司,该年正逢建镇并乡撤区,习水县人民政府将原隆兴区的岩寨、临江和回龙的郎庙、瓮坪四个乡地域为辖区,建立习酒镇。

习水县酿酒的历史悠久,早在西汉时期酿造的构浆酒,就堪称琼浆玉液,深得汉武帝赞赏,被列为贡品。古诗中曾有:"尤物移人付酒杯,荔枝滩上瘴烟开,汉家构酱知何物,赚得唐蒙习部来。"美酒必有好水,水是酿酒的本源,古人赞叹:"奇山必有好水,好水必有美酒。"赤水河两岸,山峦秀丽,草木葱郁,沟溪纵横,自然植物较好,这就保证了赤水酒有充足的水源。赤水河流经黔西北高原进入四川,千里奔流,化为美酒,她孕育了国酒茅台、习水大曲、五粮液、泸州特曲、郎酒等全国名酒,真是天下称奇,独一无二,有这样难得的好水,方能酿出闻名天下的美酒。现在酒乡古酿,重又振兴,贵州省习水酒厂,精选赤水一带出产的质量特优的红粮为原料,以小麦制成的高、中温曲为糖化发酵剂,采用温蒸混烧,入人工老窖,分层蒸馏,双轮低糟,分级贮存,精心酿制而成的"习水牌"习水大曲,不仅在国内市场走俏,而且也在国外市场上打开了销路,销往意大利、日本和东南亚等国。

习酒厂位于赤水河畔的二郎滩。与四川古蔺县的郎酒厂隔河相望。这一带地方山高谷深,冬无严寒,夏无酷暑,雨水也多,空气潮湿,一年四季适应微生物繁殖。厂内一股甘美纯净、一尘不染的山泉成为酿造美酒的又一条件。正是这块宝地,很早就盛产美酒。据历史记载,这里生产的白酒已有一百多年的历史了。而在群众中却传说两千多年前的汉朝,这里就以盛产构浆而闻名。汉武帝建元六年(公元前135年),拜番阳令唐蒙为中郎将,出使南夷,听说赤水河畔的习部(今习水)产好酒,曾前往品尝。

今天的习水酒厂是1966年由两个小酒窖发展起来的。当时,他们曾先后向郎酒厂、泸州酒厂学习酿造技术,并引进浓香型大曲酒的操作工艺,取各家之长,试制成功了具有自己风格的习酒大曲酒。酒投放市场后,立即受到消费者的欢迎,多次在人民大会堂、钓鱼台国宾馆等地作为高规格的宴会用酒。1978年和1980年,在贵州省优质产品评比中,先后被评为贵州省优良产品和优质产品,成为贵州省中级浓香型名酒之冠。1984年,贵州省信息协会等三家联合举办群众最喜爱的产品无记名投票,习水大曲荣获首届"群众喜爱的贵州产品评比第一名",同时还获得了商业部名优产品的光荣称号。1986年,在贵州省第四届评酒会上,再次被评为贵州名酒,名列浓香型白酒榜首,获得金尊奖。

习水大曲酒以当地的糯高粱为原料,用小麦制成大曲作糖化发酵剂,人工老窖作糖化发酵池,分层堆糟,缓火蒸馏,低温入窖,分级定坛,精心勾兑,使色、香、味都表现出浓香馥郁、酱香回味的独特风格。依仗得天独厚的酿造环境和酿造资源,原贵州茅台酒厂(集团)习酒有限责任公司就研发生产了品质优越的光瓶习水大曲酒,以其优良品质受到海内外消费者的追捧,在20世纪80年代末90年代初风靡全国、出口韩国、日本等海外市场,成为当时中国白酒市场一颗耀眼的明珠。先后荣获"贵州八大名酒""贵州省著名商标"等荣誉称号。

随着后来贵州众多酒类品牌的崛起,习酒大曲渐渐淡出人们的视线。2006年,习水大曲被列入遵义市第一批市级非物质文化遗产名录。

◆ **习水土城苕丝糖制作技艺**

"土城苕丝糖"是土城传统特产风味食品,据说有着上千年历史。"土城苕丝糖"是用本地优质糯米、红心苕、白砂糖、饴糖、花生、芝麻、核桃等绿色食品原料,经蒸、煮、煎、搓、揉、压等30多道工序精制而成,具有酥脆爽口、香甜不腻、营养丰富的特点,是一种老少皆宜的绿色健康食品,也是宴庆馈赠佳品。

以前,古镇寻常人家自产自食的"土城苕丝糖",随着近几年旅游业的发展,逐渐走上产业化发展道路。如今,土城古镇生产苕丝糖的加工作坊据统计已发展到20多家,大部分属家庭式作坊,其中规模较大的加工企业有罗五苕丝糖有限公司、千丝脆苕丝糖厂、方德苕丝糖厂等。加工方式仍是沿袭传统工艺,以手工操作为主,只引入少量机械,如锅炉、切片机、包装机等。产品以本地路边店销售为主,部分产品已进入周边及重庆市场,有了一定的市场声誉,成为有一定影响力的地域品牌。如不尽快改变在发展过程中形成的"多、杂、散、乱"和不良莠不齐的产业现状,发展前景令人担忧。

作为非物质文化遗产,如何处理传承这一民间工艺和工业化产及规范品牌之间的关系,值得关注。习水县委战部就有人士曾对"土城苕丝糖"原料、加工、销售等环节进行过查访和思考,认为土城苕丝糖产业发展中存在的问题表现在如下方面。

(1)虽保留了作坊加工,但难成规模,土城镇现有苕丝糖生产厂家20多家,均为小作坊生产,产量增长困难。其中较大规模的仅有罗五苕糖一家,年产量也只有百吨左右。

(2)遍地开花,缺乏品牌。20多家作坊遍地开花,20多个品牌杂乱无章,有的还是"黑户"产品中。家家都在做,家家都缺乏做大做强的实力,谁也没有或没法成为真正有影响力的"拳头"

产品,谁也没有成为俏销市场的名牌产品。走向大市场的极少,大家都窝在一亩三分地内恶性竞争,这是"土城苕丝糖"的最大隐患。

(3)标准不一,良莠不齐。"土城苕丝糖"作为地方传统特色风味食品,"手艺"世代相传,没有科学、统一的标准,东家做得好吃,西家做得未必好吃;这一批次的好吃,下一批次的未必好吃。由于没有统一的生产标准,没有标准的生产厂房,卫生条件、产品质量难有保证,多数产品无法获取食品安全认证,难以走向大市场。

(4)包装简陋,不上档次,并都没有"非物质文化遗产"的标识。"土城苕丝糖"为什么有众多小作坊?是因为有市场,但多数业主缺乏品牌意识,缺乏走向大市场做大做强的信心和勇气。他们舍不得在包装上多投入一分钱,也无心研究消费者更多的需求,存在包装不上档次、产品规格单一,这会影响消费者更多层面的需求及传承文化。

(5)原料趋紧,成本增长。过去,"土城苕丝糖"产品原料自给自足。现在,20多家作坊使本地原料趋于紧张,需从外地购进。受供需关系的物流成本的影响,导致原料成本增长。同时,来源无序的原料还可能导致产品质量下降和传统风味的丧失。

(6)掌握传统工艺的质量逐渐减少,传统制作工艺需要统一研究论证、整理规范和保护传承。现有从业人员不固定,多数为季节性用工,专业技能稳定娴熟的技术队伍尚未形成。

因此,"土城苕丝糖"作为非物质文化遗产特色产品、旅游产品,其工艺与规模、档次要处理好,要突出形象,要与习水旅游产业发展定位和土城世界名镇的品位相匹配,不仅要成为来习水的游客爱品尝的特色食品、愿带走的地方产品,还有必要将其集中生产场所、生产流程、文化内涵作为旅游项目来开发,不仅仅定位为习水地方旅游特产,更要通过一系列策划、规划、宣传、包装、打造做大做强进而走向全国,走向全世界。

首先,必须要实现生产规范化,制定统一的苕丝糖生产行业标准,规范生产厂家,保证质量稳定。

其次,实现产品品牌化。着力发展1~2个品牌,品牌统一化、品种多样化,加大宣传力度,扩大宣传范围,把"土城苕丝糖"作为一个有着鲜明地方特色的产品来宣传,发送包装,增加品种,提高社会对"土城苕丝糖"的知晓率和认可度。

最后,结合土城红色文化旅游创新区开发,规划"土城苕丝糖"产业区域,集中生产,做到区域化、集约化;结合旅游规划,设计参观线路,在旅游线上设置生产文化展示厅、产品现场销售点。申请QS认证和地域标识,统一规范管理,合理使用标识。

◆ **遵义谢氏鸡蛋糕制作技艺**

遵义谢氏鸡蛋糕已有100余年的历史,以质优味美、营养丰富,独具特色而驰名。谢氏鸡蛋糕的生产工艺流程要经过"制作技法"和"火烤技法"两大环节,"选料、磨面粉、配料、打蛋、搅蛋、拌蛋浆、打菜油、舀蛋浆、烤阴火、烤阳火、启锅"等20余道工序,全用手工操作完成。谢氏鸡蛋糕采用独有的蛋黄蛋白分离制法,"一阴一阳、两伙并举"独特的火烤技法,具有个圆匀称、金黄油润、指压起窝、指放复平的感官特征,以及甜而不腻、油而不厌、酥软可口、香而不扬的口感效果。

谢氏鸡蛋糕生产作坊最早位于贵州省遵义市红花岗区老城杨柳街,逾百年历史,其历史渊源、发展历程分三个时期。

诞生时期：晚晴至民国时期，黔北经济活跃，一大批绅士不满足一日三餐，抚琴弄墨、饭后茶点成为他们的生活时尚，这无形中带动、引领了普通市民的消费模式，客观上形成了社会对糖果、点心的需求，鸡蛋糕应社会需要而诞生。

发展时期：分为两个阶段。

第一阶段：晚清至20世纪20年代属于发展初期，这时的鸡蛋糕生产技艺较为粗疏，制法上缺乏规范，随意性强，在当时的几个糕点商号中，"桂香斋"为最佳，但总体上生产工艺还不成熟，蛋糕品质较为一般。

第二阶段：20世纪30~40年代，为遵义谢氏鸡蛋糕制作技艺发展中期，也是"谢氏火烤法"生产工艺的产生、定型时期。这个时期，遵义城区最多时曾拥有糖果、蛋糕商铺近30家，竞争激烈，各商号都通过工艺改造来提高产品质量。"裕泰恒"商号大师谢九成在20世纪30年代初期对鸡蛋糕配料、制法、烤法等进行综合性改造，通过配料比例改造，改造原有产品过甜过油的状况，科学、和谐的配方达到了舒适美好的口感。

在制作技艺上，谢九成改变原有配料一次性混合搅拌的操作，采取蛋白蛋黄分离法，即打蛋时，将蛋白蛋黄分别盛装，使之达到规范的质量要求，最后综合搅拌后的蛋浆必须具有绸缎的柔润光滑，这样做出来的蛋糕才能滋润、松软。

在火烤技法上，谢九成开发了"阴火阳火并举"的拗锅火烤工艺，解决了原有鸡蛋下层焦老、上层黄软的情况。谢九成综合的改造，使鸡蛋糕品质有了很大提升，遵义谢氏鸡蛋糕生产工艺由此定型，业内称其为"谢氏火烤法"。这一工艺"绝活"沿用至今。

传承时期：分为四个阶段。

第一阶段：1946年，谢九成率子（谢文林）率徒独立开办"意味长"商铺，坚持"谢氏火烤法"生产工艺，保证产品质量。

第二阶段：1956年，国家对私改造，成立公司合营烟酒糖店，凡原商铺保留为门市店，所有作坊合并为国营老城糖厂。糖厂分设两个大车间，其中一个车间专门生产鸡蛋糕，命名为鸡蛋糕厂。

谢九成之子谢文林，自幼随父学艺，成为第二代传承人，被任命为两大车间主任，将"谢氏火烤法"继续传承。

这期间，谢文林在不改变阳火烤制效果的基础上，将拗棒提拉拗锅的做法改变为封顶式侧面进火夹层板面烤制法。因炉灶形似"土地庙"，俗称"土地庙式"烤法，其烤法省时省力，又有相同的烤制效果，丰富了"谢氏火烤法"的内涵。

第三阶段：1979年，谢文成之子谢忠权，进入老糖厂工作，延续"谢氏火烤法"生产鸡蛋糕。1982年，改革开放全面发展，谢忠权离开糖厂，自办作坊，继续"谢氏鸡蛋糕"的生产。近30年来，生产规模不断改进、扩大。

第四阶段：2003年起，老城糖厂逐步实施工人买断工龄后，糖厂解体。自此，"谢氏火烤法"技艺仅由谢忠权一人传承，并不断加以改进、创新。

谢忠权始终在选料、配料、制作技艺、火烤技法等生产工艺上忠实于谢氏鸡蛋糕重视质量的传统,所以鸡蛋糕供不应求。在继承传统的基础上,新开发了木糖醇鸡蛋糕、椒盐鸡蛋糕等不同品种的鸡蛋糕,满足不同层次、不同口味消费者的需求。

谢忠权秉承传统、创新发展,成为"遵义谢氏鸡蛋糕制作技艺"第三代传承人。

遵义谢氏鸡蛋糕存在的濒危状况。一是选用原生态的优质土鸡蛋、优质麦面粉、优质植物油等为原料,存在货源涨价、昂贵,收购紧缺、稀少问题;二是严格按照传统手工操作,生产周期长,工艺复杂且技术难度大,年轻人多不愿习艺,存在着严峻的传承人后继无人状况,扩大再生产面临着诸多困难。

目前,已采取了相应的保护措施。一是民间口碑式保护;二是建立法规式保护。注册商标,实施地方名产的法规式保护;三是头像图案注册商标保护。代表性传承人谢忠权以自己人头像图案,为谢氏火烤法鸡蛋糕申报了"谢忠权鸡蛋糕"注册商标;四是文化保护部门已将遵义谢氏鸡蛋糕列入市级非物质文化遗产保护名录,实施机制性保护;五是资金投入式保护。自公布为市级非物质文化遗产代表性名录后,谢忠权先后投资25万元,对作坊设备设施做两次技术性改造。

附录六 民　俗

◆ **仡佬族婚俗**

　　仡佬族的传统婚姻习俗广泛流传在务川县境内的仡佬族群众中，为绝大部分仡佬人所掌握和亲身经历。凡有仡佬族居住的地方，都是仡佬族婚俗流传的区域。

　　务川仡佬族苗族自治县位于贵州省东北部，东界德江、沿河，南邻凤岗，西交正安、道真，北隅重庆彭水，全县面积2777平方千米，人口约45万人，其中仡佬族人口18.5万人，占总人口的43%，苗族人口15.1万人，占总人口的35%。县境属亚热带湿润季风气候，雨量充沛，四季分明。洪渡河是务川仡佬族的母亲河，孕育了仡佬族千百年源远流长的灿烂文化。务川古为蛮夷之地，春秋战国先属巴，后属楚，秦属黔中郡，汉属武陵郡，隋开皇十九年（599年），招慰蛮僚奉诏置务川县，据唐《元和志》载，务川"因川为名"。唐初田克昌以其地卜筑思州，思州遂为田氏守地。后招慰使冉安昌以务川当牂柯、夜郎要路，请置郡以抚之，乃置宁夷郡，务川属之；北宋末，番部首领田佑恭率土内附，政和八年（1118年），田佑恭于籍地建务川县城（今务川县城所在地），复置思州，州、县治所同邑；元至元十八年（1281年）因"婺星飞流化石"故，改"务川"为"婺川"；明永乐十一年（1413年），思南宣慰使田宗鼎与思州宣慰使田琛因争夺沙坑发生战争，明廷乘机改土归流，废除思南、思州宣慰司，以其地设八府，务川属思南府，同时设贵州布政使司，结束了田氏对务川700多年的土司统治。1959年，经国务院批准，将"婺川"改为"务川"，1986年，经国务院批准设立"务川仡佬族苗族自治县"。

　　仡佬族的婚嫁习俗是一项程序繁杂、礼制规范的民间礼仪活动。男方的程序为提亲、交礼、发茶、装香、开庚、报期、迎娶。女方相应的为放话、盘媒、备嫁、哭嫁、发亲。

　　提亲，男方请媒人到女方家说媒，叫作"讨口风"。女方则"放话"，回应男方提亲事。交礼，男方请媒人到女方家正式说媒。女方则请来家族尊亲，"盘媒"。主要盘问男方家境家风，考察媒人德行。这个过程中，开不开亲要得到男女两家同宗三代的同意。故曰"六证"。发茶（又叫"拿人情"，即聘礼），一般有初媒（俗称头道人情），给女方家父母送荤人情，叫吃头道茶；二道媒（俗称二道人情），除给女方家父母送荤人情外，还要给伯爷、叔子送素人情，叫吃二道茶；三道媒（俗称三道茶），送礼的具体范围、人情大小男方必须请媒人到女方家问清楚。女家根据自己的亲戚关系，向男方"派人情"，一般送荤人情的范围扩大到外公、外婆、舅舅、姑姑等三代直系亲戚，其他亲戚则送素人情。发茶一般在端阳、重阳、中秋、腊月、春节等节庆日子。三道茶实际上是告知亲戚女儿要出嫁的消息，亲戚根据人情大小、亲疏关系准备"打发"，主人家也开始置办儿的嫁妆。三媒成矣。装香，又叫"插香"。男方家备办五色布料、荤素人情、糖果糕点、酥食麻饼、"香香"（即花生、葵花、核桃、板栗等）及大小龙凤烛各一对，还有香纸、鞭炮、袱包若干。袱包上写女方家的祖先名讳，焚化者男方则自称为"婿、孙婿"。所有东西用茶盆装好，由媒人带领送往女方家，摆在堂屋神龛下，并举行祭拜仪式：点香、燃烛、焚化钱纸袱包、鸣放鞭炮。"装香"有订婚的意思，"装香"后，婚约就不能更改。开庚，男方托媒去女方家索讨生辰八字。报期，礼请八字先生依男女双方的生辰八字择定婚期，俗称"看期辰"。然后带上八字先生书写的"报期书"，备礼到女方家协商确定婚期。俗话说"看就期辰定就年月"，婚期确定后，双方开始准备婚礼。女方：姑娘在出嫁前，有断食的风俗，少则三天，多则七八天。要苦练哭嫁歌，仡佬人把哭嫁叫"哭姊妹"，是因为姑娘哭嫁时，陪伴她的都是平时要好的姊妹，这些姑娘在喜期到来的前几天就厮守在一起，早晚形影不离，她们一呼一应以歌代哭，互诉衷肠，相叙离情别绪，故称"哭姊妹"。

男方接亲队伍到女家附近后，要首先由媒人和"押礼先生"（即司礼）向女方家报信，递"投书"，然后接亲队伍才能进入女方家。女方派一人（与女方同姓）在大门外迎接新郎和"押礼先生"，三人共同向"香火"作揖后，导引进入堂屋。对完礼后，司礼摆出男方的礼品（礼品上都要放一"书子"，如红鸡蛋里放"团书"，礼品正中放"仁、義、礼、智、信"书，还有"请书""正启书"等），然后由女方选一福气好的男子用男方特制的"发烛"点燃龙凤烛，举行"过礼"仪式，先拜天，面向"香火"下跪，敬酒三杯，磕头三个，然后面向大门下跪敬酒三杯，磕头三个。后拜地（仪式同上）。

这时司礼拿出"报书"一封，交与女家，女家派一人持"报书"立于大门槛上报喊女家亲戚："堂前有请，领书领酒"，次序依次为父母、祖父母、外祖父母、舅舅、姑姑等，被喊到者到堂屋接受新姑爷的跪拜和敬酒，这一套礼仪被称为"传书过礼"。姑娘这时出来哭媒人、哭新郎。席间，司礼还要分别送出"饭书""菜书""酒书""茶书"，以表示对饭厨、菜厨等人的感谢。饭毕，开始"发亲"，"发亲"的时辰也是预先请八字先生算过的。吉时发亲，首先焚烧女方祖先袱包，然后牵出姑娘，在香火前哭拜祖先，数次哭拜后，出门登轿。登轿时要从轿前放有铜钱的筛子上踩过。女方同姓兄弟把轿子抬到房屋背僻处，然后交与男方轿夫。新郎再次到堂屋，拜别岳父岳母等亲人，并接受岳父母"挂红"。"挂红"又叫"拴红"，即在新郎的肩上斜挂一幅红布或红床单，男亲挂右肩，女亲挂左肩。女家要以"送亲客"陪送姑娘到男方家。姑娘的嫁妆中，两口大红箱子是必不可少，箱子里装有一袋米和两个碗，这是父母送给女儿的"衣饭碗"，是父母给女儿的最好的嫁妆，是女儿今后生活富足的母本。男方预先要准备龙凤烛一对，发烛一对及喊"夫子"、轿夫。

迎娶到家后，新郎首先进堂屋跪拜父母，然后取下"红"挂在大门上。男方这时选派一位齐眉多福的妇女为新娘铺设床被。铺好床后，鸣鞭炮迎花轿，举行"回车马"仪式，即桌案上备猪脑壳一个、烛一对插于猪鼻内、香三柱、酒三杯、长钱若干、雄鸡一只，并抬着轿子转三圈。最后抬轿进堂屋，铺床妇女牵出新娘（新娘仍然要从轿前放有铜钱的筛子里踩过），带入新房。再次鸣鞭炮迎接"送亲客"到堂屋，并以茶席、酒席、饭席招待。用完饭后，新娘及男方父母依次为"送亲客"中与新娘最亲的人"挂红"，然后由新郎亲自燃放鞭炮相送（"送亲客"不管路程多远都不能在新郎家过夜）。送走"送亲客"后，接着举行"见拜"的仪式，即铺床妇女牵出新娘，与新郎一同拜天地、拜父母，接受父母的祝福、封赠。拜过父母，新娘马上跑回新房。新郎则还要跪拜舅舅、姑姑等其他亲戚。新婚次日为"复言"，一些错过"正酒"的亲朋好友在这一天还可以补"人情"。

新娘则在早晨与新郎一同把自己亲手做的布鞋跪送给父母和其他亲人,并改口为"妈""爹"等称呼。新婚再次日,为"复二言"。新媳妇要用从娘家带来的米为全家人煮饭,这一顿饭叫"孝和饭",也叫"团圆饭"。新婚第四天,新婚夫妇要备礼回家,俗称"回拜"或"回门"。新姑爷到岳家后,要先进堂屋,放下礼品,然后出来鸣放鞭炮。放的鞭炮越多,岳家越觉脸上有光。"回拜"不能在娘家住宿,必须赶回。至此,一场婚事全部结束。

仡佬族的婚嫁习俗根植于仡佬族的整个社区,是每一个仡佬族人生活中都要经历的重要的礼仪活动,婚嫁习俗从"提亲"到"嫁娶",程序繁多,礼仪完备,具有严格的礼制规范性。同时,讲究严格的禁忌性,任何一个环节都有忌讳的内容,尤其是梳头、铺床、发烛等环节,半点出错不得。仡佬族的婚嫁习俗从清代以来,传承至今,基本内容仍然未变,仍然保留着"三媒六证""装香定亲"的古代礼仪,是仡佬族历史文化的遗留和表现形式,是仡佬族民俗、心理、礼仪、道德的具体体现,寓含着仡佬人的精神、信仰、价值取向,寄托着仡佬人美好的期盼,较完整地保留了仡佬族的历史文化。

仡佬族婚俗一度在整个务川乃至黔北仡佬族聚居地区盛行,为大多数仡佬人所掌握。但是,近年来,伴随着全球经济一体化的进程,与城市化、工业化一同兴盛的各类流行文化强烈冲击仡佬族传统的婚姻观念和婚嫁习俗,加速了其嬗变。同时,在仡佬族婚俗中有着重要作用的押礼先生,他们掌握着一整套繁杂的礼仪程序,但是,由于现代社会文化和经济的冲击,学习这种礼仪规范、充当押礼先生这个角色的青年越来越少。加之仡佬族婚俗繁文缛节,礼仪要求严格,与现代简捷、快节奏的生活不相适应,农村婚嫁习俗也趋于简化,从而使仡佬族婚俗的传承出现了断层,仡佬族婚俗面临着逐渐向简单化发展的趋势,传统的礼制面临濒危的状况。

◆黔北汉族起房造屋民俗

黔北汉族人家在起房造屋时的各个环节,都要由掌墨师和有关客师"说福事"(有的称"说吉利"),即以一定的仪式诵吉祥语言。如"发锤声响三阳泰,发锤斧鸣万事亨";立房架时说"紫薇高照将吉祥","开梁口"时,主家要牵起衣兜接木屑,掌墨师则诵吉语。"搭梁"时要选择带八的吉日邀集亲友,置办酒席,掌墨师和客师斟酒诵"福事"后,分别从梁的两端上到梁头,把亲友送来的红布(有的用白布)搭于梁上一边诵吉祥语一边向四方抛甩糯米糍粑,让众人哄抢。装修完工钉门时要"踩门",掌墨师和客师分别站立于门内外,对诵吉祥语,祝福主人。整套仪式庄重规范,文辞儒雅,句式长短不一。2007年5月29日,贵州省人民政府公布其为第二批省级非物质文化遗产。

黔北起房造屋习俗主要分布在绥阳、遵义、湄潭、正安、道真、桐梓、赤水等,以绥阳县的耿家寨等最具特色。

黔北起房造屋习俗历史悠久。1000多年前,黔北先民为了生存,以顽强的精神,艰苦创业,开拓生活,用泥巴砌墙、茅草盖顶,修建遮风避雨栖居——泥墙茅草屋。泥墙抗击自然灾害能力差,但凡山洪暴发,泥墙往往被洪水冲垮、倒塌,造成人畜伤亡。于是,人们便上山伐木、改用树木修建木房。木房采用几何原理结构修建,每根柱子、檩子、梁木之间用榫、栓连接、固定,因其抗击地震、泥石流、洪水等自然灾害能力强。人们纷纷改泥墙茅屋为木房瓦屋。到了明代,在农村,基本上家家修建木屋、户户住木宅,形成了独具特色的黔北民居建筑风格。

在绥阳县枧坝镇芙蓉江畔德耿家寨，这里居住着500多户汉族人，全是木房瓦屋，有四立三间的，有保存完整的三合院、四合院的木房结构，始建于明代，迄今500多年历史，是典型的黔北汉族民居木房建筑风格。黔北多山，盛产柏木、杉树，20世纪80年代前，黔北民间，特别是农村人家建房，都是建干栏式的木房，柏木和杉树是建房的好木料。黔北民间建造房屋时，木匠和客师（会诵祝福歌的人），要为主人家司诵祝福歌，俗称"说福事"。它的渊源，虽无史书查证，但从它的"说福事"的内容和词句，可窥见巴蜀、中原文化的痕迹，是一种多文化融合的习俗。黔北地区起房造屋习俗主要包括：看风水，是为了给新宅选一个好的地基；下屋基，在黔北农村，起四立三间一层的木房还是二层、三层以上的木房，均要下屋基。下屋基不能马虎，要下牢固，寓意千秋宅业，万代不倒，下屋基时，先看"黄道吉日"，后请石匠，负责屋基的把关；立房，立房的各个环节都很讲究，每一道程序都有颂词和仪式，由掌墨师（又叫掌坛师）或会诵祝福歌的客师，主持"说福事"和司诵祝福歌的仪式。立房在半夜三更天没亮时开始，等新房立起时，刚好天亮，表示新宅越立越亮，主家有希望，将来必定大吉大发。立房时，"说福事"仪式庄重系统，文辞儒雅精练，句式有长有短，是黔北农村汉族典型的民俗仪式。发锤，"发锤"是立房福事歌固定的开场白。如掌墨师（唱道）：天上金鸡叫，地下仔鸡啼。一不早，二不迟，正是弟子发锤时。发了一锤惊动天，云中走出鲁班仙。掌墨师唱毕，将锤子抛落地上，主家高兴捡起，对掌墨师说的吉语称心满意；祭缆，祭缆又叫"祭屋基"，掌墨师抱一只雄鸡祭拜，说福事吉语。掌墨师（唱道）："一只雄鸡似凤凰，你吃主家多少粮？头也红，尾也红，吾师与你扣合同"。掌墨师一刀将雄鸡头砍断，洒鸡血以祭主家新宅屋基，驱邪气，逐污浊，保主家太平、吉祥。祭缆完毕，开始排立，即把事先用榫头连在一起的柱廊（柱头），一排排立起来。掌墨师（唱道）："日吉时良，天地开张；鲁班到此，修立华堂。金柱子，玉石磉，梭罗川排紫金梁。吾师鲁班亲勒令，紫微高照降吉祥"。砍梁，柱头立起后，要上山寻找梁木。民间有"上梁不正下梁歪，中梁不正垮下来"之说，所以，在农村修房造屋，选梁木很重要。一幢木房，盖得再高再大再阔气，如果梁木没选好，主家仍感到不满意，因为梁木还有主家主人"挑大梁""顶梁柱"之意；抬梁梁木砍倒后，帮忙的众乡亲高高兴兴抬回主家。掌墨师（唱道）："你是山中树木王，主人选来作栋梁。张郎赵巧齐架马（放梁木的支架），推刨开山（斧头）放毫光。雕起鹦哥对凤凰，金玉满堂从此长。众位亲朋齐用力，抬起金梁回家乡"；请画匠，梁木抬到主家后，请画匠在梁木上画图案。图案一般有"凤凰""金鸡""太极图"等，寓意吉祥、平安。祭梁，主家要举行一个庄重的祭梁仪式，在堂屋正中放上八仙桌子，上摆荤盘（猪肉等）、果盘、活鸡活鸭等，合家老小恭恭敬敬地磕头祭拜，祈祷菩萨保佑家宅平安。折酒，折酒又叫斟酒，掌墨师通过斟酒向主家唱吉语。拜梁，拜梁跟祭梁程序一样。封梁封，即封赠，掌墨师对"梁"说逢承话。掌墨师（唱道）："大梁大梁，听我弟子说端详。新立华堂梁为主，保管主人寿延长。老的保管千百岁，小的保管八百双。千百岁，八百双，富贵荣华万年长"。开梁时，主家要牵起衣兜接木屑，掌墨师诵吉语。掌墨师（唱道）："一根金梁两头尖，好比黄龙上九天。今日黄龙上天去，永生家财万万年。荣华富贵登科早，家道兴隆福寿全"；上梁即把梁木上到房顶。上梁是新房结构封顶、新居竣工的日子。上梁时要说吉利话，什么"拐罗、完了、糟糕……"之类的话千万不能说，因为要把"梁"顺顺利利上到房顶，一点不能出差错，否则，主家不高兴，不吉利；搭梁，将一段白布搭在梁木上。掌墨师和客师斟酒诵福事后，分别从梁的两端上到梁头,把至亲好友送来的白布搭于梁木上。搭梁仪式非常重要,在农村,要选择带八的黄道吉日,操办"搭梁酒",或叫"搬家酒",或叫"新房酒",亲朋好友来大举朝贺一番,一是答谢亲友帮忙;二是收钱敛财,补缺建房花销;三是借做酒席,聚人气财气,保家宅平安,福寿延年。抛梁,将糍粑、糕饼、花生、糖果、麻花等食品从梁上抛下,此谓"抛梁"。抛梁很热闹、隆重,吃酒的亲朋好友、父老乡亲,一哄而上,争抢从梁上抛下来的"天食",抢得越多越吉利,你推我攘,互不相让,煞是热闹、壮观。抛梁是整个起房造屋最为精彩的场景,大人孩子争着抢"天食",平时小孩摔倒要哭喊,此时摔倒,只顾高兴,忘了疼痛。抢"天食"的越多,掌墨师抛梁抛得越展劲,唱得越卖力,这种热闹非凡场面,将新居落成酒席推向高潮,人气、财气、酒气、喜气、气气俱来,正是主家期待的,主家甚是欢喜、满意,合不拢嘴。

此外,还有"踩五方""参拜主人""参拜四亲六戚""摆利食""谢主人""劝酒""贺主人"等起房造屋仪式。

今天,在黔北农村,起房造屋的仪式习俗仍在民间流传,但随着时代进步,社会发展,盖砖房起洋楼的人越来越多。加上国家退耕还林政策,严禁滥伐林木,修造木房的人家越来越少,过去能说会唱的掌墨师、木匠,有的作古,有的年迈,已很少开展这样的习俗活动,这种具有黔北典型特色的起房造屋民俗仪式,在民间越来越少见了。

◆茅坪花苗婚俗

茅坪花苗婚俗主要分布在遵义市湄潭县茅坪镇的桂花、土槽、地关三村。茅坪镇地处贵州省遵义市湄潭县南端,距县城47千米,全镇人口1.17万人,其中少数民族人口占33.6%,少数民族中以花苗为最多,占80%。

花苗原是我国东部的一支古老民族,大约在宋、元时期自黄淮流域西迁入四川古蔺一带,距今已有600余年的历史。日本侵华期间又经湖南移至川黔边境,分为两支,一支去綦江、桐梓地区,另一支迁至黔北湄潭瓮安边界的茅坪一带定居下来,繁衍至今,其婚俗也一直保持着较为传统的形态。

茅坪花苗的男女青年主要通过每年农历三月三、六月六、九月九的踩山坪活动相互认识,事后由男孩告诉父母,再请介绍人带着男孩一道去女方家。到了女方家附近,先由男孩吹芦笙,告知女孩家父母。女孩的父母则以堂屋门(分大扇门和小扇门)作为信号,全开就表示全家同意,开大扇门则表示女孩父亲同意,开小扇门则表示女孩母亲同意,不开则表示全家都不同意。如果全家同意,介绍人和男孩就从堂屋门进,并在堂屋中作个揖,才能进屋就座。白天,介绍人与女孩父母只能拉家常,不能贸然谈论婚事,等吃过晚饭后,待夜深人静时才能谈明来意,否则女孩父母可以不予理睬。

双方同意后,才进入订婚的程序。①去人亲:分三次进行。第一次去拿酒或面条之类食品,必须是双份,如两斤面、两斤糖等,表示成双成对。如女孩的祖父母还健在,就要多去一份。此次同时约定下一次去的时间。第二次和第三次去的人亲拿的食品一样,只是少了祖父母的一份。三次去完后,才约定彩礼和结婚的有关事项。②铺人亲:由介绍人拿着礼品,给双方所有亲友每家送一份,以表示邀请参加婚礼。

茅坪花苗的婚礼非常隆重,分三天进行。

第一天(一般在早上八点左右,根据结亲双方住地远近可提前到凌晨四五点或推后至下午四五点):①准备物品。新郎家准备好衣服(必须有花苗服装一套,不能缺一样)、鸡两只(其中公鸡一只,母鸡一只,并且不能杀死,用手捏死煮熟,用小背篼装好)、芦笙一把。②摆长席。在堂屋内放一张长桌,摆上酒、糖果、瓜子等,男孩父母先请接亲的人、介绍人、"家长"(指男方的叔伯)、接亲郎和接亲娘(指有福气的夫妇)、背背篼的人(负责背结婚的物品,为新郎的弟弟或侄子)、陪郎(新郎的表弟)、新郎入席,交代有关结婚事项。③新郎跪拜恩谢。在堂屋正中先恩谢祖宗,后恩谢父母,再恩谢亲朋好友,并说些感谢和交代的话。④接亲。接亲的人先围绕长桌走三圈,然后吹着芦笙出发。到了新娘家附近,需吹芦笙,以通知新娘家知晓,不吹芦笙则新娘家不予迎接。到了新娘家的院坝时,新娘家送亲的人与新郎家接亲的人依次夹杂在亲友中,按照辈分和称谓相互进行对陪。进堂屋后同样要围绕长桌走三圈,辈分大的走在前面,小的走在后面。新郎必须坐在堂屋上方的右侧,陪郎并排坐在左侧。然后女方家开始上菜敬酒,酒杯只有四个,大小各两个,吃一巡酒,说一段敬语。接下来就是交礼(点交新郎家准备好的礼品),交礼时还要讲一些客套话。交礼后再吃一巡酒,新娘的父母才出来递烟、倒茶。最后,新郎和陪郎就开始跪拜新娘价的祖宗。这些仪式结束后才开始吃饭,饭后接亲人与送亲人便一起商谈第二天的有关事项。

第二天(一般为凌晨三四点):①发亲仪式。在新娘家的堂屋内进行。新娘的"家长"(指新娘的叔伯)将陪嫁的物品点交给新郎的"家长",然后,接亲娘到新娘的闺房中拉出新娘到堂屋中跪拜祖宗。待新娘的父母与新郎的"家长"进行交接仪式后,送亲的人和接亲的人都必须要围着长桌走三圈,才能吹着芦笙迎接新娘出门。新娘的陪嫁品一般为家常用品,家境好的还会陪嫁一头耕牛。②回车马仪式。在半路上进行。由接亲的其中一人主持,拿出事先准备好的勺子和糯米饭摆在地上,然后由主持人念一些驱除妖魔鬼怪、祝福新郎新娘平安幸福的话语。③迎亲仪式。在男方家的院坝举行。其过程是:在院坝中摆三张桌子进行三道迎风。第一道风是介绍人迎风;第二道风是家长迎风;第三道风是接亲郎和接亲娘迎风。然后进堂屋依次入座(新娘必须坐在堂屋上方的右下角)。待吃一巡酒后,才开始交礼(俗称吃鸡头,由背背篼的人将男方家的两只鸡和在女方家得到的同样两只鸡一起放在桌上,进行交礼仪式。然后交给厨房将四只鸡简单加工后,由坐在长桌上的人共同食之。交礼时也要说一些交礼语)。最后,新郎父母递烟、倒茶。④拜堂仪式。新郎不是和新娘,而是和陪郎进行拜堂(据说是怕新娘身子不干净,玷污了祖宗)。此拜堂仪式由一人主持,按主持人安排进行,先拜祖宗,再拜父母,后拜三亲六戚及好友(所到的要拜完)。拜堂时间长的多达一个小时,受拜人只是祝福不给拜钱。⑤吃杂酒(坛子酒或杆子酒)。送亲的人,分别按从老到幼、从大到小的次序,由同辈陪饮。一般轮回3~5小时才结束。⑥唱歌跳舞。不受任何拘束,以表示欢庆为目的。

第三天(凌晨四五点钟):①交彩礼(钱或物)。新郎父母将先议定的彩礼清单用茶盘端到堂屋中的长桌上,并将彩礼点交给介绍人,再由介绍人点交给新娘的"家长"。②交脚步钱。新郎的父母将准备给新娘的舅父姑爷及送亲客的脚步钱,同样用茶盘端到堂屋内的长桌上,点交给新郎的"家长",再由新郎的"家长"点交给新娘的"家长"。③送亲客嘱托道谢。由新娘的"家长"向新郎的父母进行嘱托和道谢。④送亲客返回女方家。送亲客嘱托道谢完,又要围着新郎家堂屋中的长桌走三圈后,才出门返回。同时新娘在大门口目送亲人。新郎则送得很远,一直要到送亲的"家长"把红布拴在新郎的腰间,并丢下小红包(红钱)后,新郎才不送了。⑤送亲客交彩礼。送亲客返回新娘家后,新娘的"家长"在堂屋中将彩礼点交给新娘的父母,新娘的父母则表示感谢。⑥给新郎取名。在新郎家最后摆合席时,要由辈分最大、威望最高的人重新给新郎取名(原用名为乳名),意味着他正式成家立业。取名也有讲究,第一个字必须与其祖父名的第一个字相同,以利于一代一代根系不乱。⑦新娘新郎入洞房。不举行专门的仪式,但必须要等亲朋好友走完后才能入洞房。婚礼的三天中,各种仪式不断,因此凡是送亲的和接亲的(包括新郎新娘)三天三夜不能入睡。⑧回门。婚礼举行半个月后,由新娘的妹妹来接去回门。新娘在娘家住半月至一月后,再由新郎接回,婚事才告结束。

由于没有文字记载,茅坪花苗婚俗基本上都是口传心授,一代传一代,并且都是单传。随着社会的发展,花苗与外界的交流日渐频繁,尤其是年轻人的思想观念开始发生巨大变化,缺失了本民族固有的文化心理,导致传统婚俗面临严峻的生存危机。

◆湄潭茶文化风俗

"柴米油盐酱醋茶",这是老百姓的七件事;"琴棋书画诗酒茶",这是文人墨客的七艺,能做到雅俗共赏的看来只有茶了。茶是中国的国饮,湄潭是著名的茶乡,当然流传下许多有关茶叶典故的茶文化了。

中国茶圣,唐代陆羽在其所著《茶经》中对湄潭茶叶已有记载,称湄潭茶叶"往往得之,其味甚佳"。湄潭茶叶很早就作为贡品,明万历三十年(公元1602年)湄潭置县一周年时,首任知县黄如桂为感谢皇恩浩荡和表达对朝廷的忠心,亲选了湄江所产之茶和茅坝所产之米等四样特产作为贡品。湄潭茶叶的发展得力于20世纪30年代国民政府茶叶试验场搬迁湄潭和浙江大学西迁湄潭办学奠定的基础。抗战时期,一批科研机构和大学纷纷迁往西南,1939年10月,国民政府农业部中央农业实验所和中国茶叶公司在湄潭筹建实验茶场。三个月后,浙江大学西迁湄潭办学,很快与实验茶场联姻。浙江大学聘请实验茶场场长刘淦芝博士为农学院客座教授,一批农学院教授亦成了实验茶场的客座研究员,一些有影响的茶叶论文如《湄潭茶树土壤之化学研究》《湄潭茶树病害之研究》《采摘期对茶叶含单宁量之影响》和《湄潭茶叶调查报告》等皆写于这一段时间。中华人民共和国成立后,实验茶场演进为贵州省最大茶场——贵州省湄潭茶场和贵州省最高的茶叶科研机构——贵州省茶叶研究所。

湄潭作为《中国名茶之乡》,源远流长,名茶辈出。浙江大学在湄潭时期,把杭州西湖龙井茶的制作工艺引入湄潭,与实验茶场共同研制了"湄潭龙井茶"。1953年5月,时任贵州省省长周林提议改"湄潭龙井茶"为"湄江茶"。1974年,茶叶研究所研制成了又一名茶,为纪念遵义会议40周年而命名"遵义毛峰"。1980年,世界著名茶学教育家陈橼教授为湄江茶题名"湄江翠片"。"湄江翠片""遵义毛峰"在贵州省四大名茶中占据两席,以后湄潭名优茶品牌如雨后春笋,先后涌现了"贵州银芽""龙泉剑茗""清江绿""兰馨茶""栗香茶"等18个以"湄潭翠芽"为统一品牌的名茶。2000年至今,以"湄潭翠芽"为品牌的湄潭茶叶28次获得国家级金奖。

湄潭很早以前就是茶叶的主产区,湄潭因盛产茶而产生了丰富的茶文化。中国的茶礼在这里得到了沿袭和发展。凡来了客人,沏茶、敬茶的礼仪是必不可少的。当有客来访,可征求意见,选用最合来客口味和最佳茶具待客。以茶敬客时,对茶叶适当拼配也是必要的。主人在陪伴客人饮茶时,要注意客人杯、壶中的茶水残留量,一般用茶杯泡茶,如已喝去一半,就要添加开水,随喝随添,使茶水浓度基本保持前后一致,水温适宜。在饮茶时也可适当佐以茶食、糖果、菜肴等,达到调节口味之功效。

茶是湄潭的品牌和标志,湄潭有连绵不断、面积上万亩的茶海,有载入《吉尼斯世界纪录》的天下第一大茶壶,茶叶品种繁多,在贵州生长的380余个茶树品种中,湄潭境内生长的品种达300余个,可谓全省之冠。今日湄潭,16.5万亩茶园似海,满城茶叶飘香,正着力打造32万亩茶园基地大县,茶园、茶山、茶海、茶城,在湄潭会看到一个茶的世界;茶歌、茶姑、茶楼、茶艺,在湄江可领略浓郁的茶乡风情。湄潭茶楼、茶坊很多,多集中于湄江镇和永兴镇,当地人称为茶馆。茶馆是湄潭过去品茗、买卖、交换信息的重要场所,大的茶馆可容100余人,馆里设置竹躺椅、长条凳、大方桌、粗瓷杯,俗称喝盖碗茶。茶馆备有香烟、瓜子、干果、糕点等佐茶之物。茶馆中央设一高座为评书人说书,内容多是"济公传""水浒传""施公案""三国演义"等,余读小学时上晚自习常常跑出教室到茶馆听评书艺人说书。茶馆也是群众的娱乐场所,常有艺人去表演金钱板、道情、莲花落、双簧、相声、山歌和京、川剧清唱。茶馆还是一个非常重要的社交场所,那时外埠艺人跑单帮,袍哥闯码头,客商做生意,政客访要人,都要到茶馆打探行情。有的茶馆还为落魄文人设客座,专门写家书、契约、诉状或作中人促成双方买卖。茶味清心,家族发生纠纷,两姓发生械斗须息事时,要聘请当地有声望的人调解,地点一般设在茶馆。

茶叶产业现已成为湄潭县经济发展的支柱产业,具有种植面积大、加工总量多、品牌质量高、科技含量重、交易数额大等优势,这些优势与茶文化在湄潭交融,确立了湄潭茶文化旅游的基础优势。兰馨茶业公司是贵州省茶业行业龙头企业,国家行业龙头企业,依靠贵州省的天然地理优势,生产了一大批具有高质量的茶业产品,其中像兰馨雀舌、兰馨金尖等各具特色。

附录七　贵州省国家级非物质文化遗产名录

第一批

项目名称	申报地区或单位
民间文学	
苗族古歌	贵州省台江县、黄平县
刻道	贵州省施秉县
传统音乐	
侗族大歌	贵州省黎平县
侗族琵琶歌	贵州省榕江县、黎平县
铜鼓十二调	贵州省镇宁布依族自治县、贞丰县
传统舞蹈	
苗族芦笙舞(锦鸡舞、鼓龙鼓虎—长衫龙、滚山珠)	贵州省丹寨县、贵定县、纳雍县
木鼓舞(反排苗族木鼓舞)	贵州省台江县
传统戏剧	
花灯戏(思南花灯戏)	贵州省思南县
侗戏	贵州省黎平县
布依戏	贵州省册亨县
彝族撮泰吉	贵州省威宁彝族回族苗族自治县
傩戏(德江傩堂戏)	贵州省德江县
安顺地戏	贵州省安顺市
木偶戏	贵州省石阡县
曲艺	
布依族八音坐唱	贵州省兴义市
传统美术	
苗绣(雷山苗绣、花溪苗绣、剑河苗绣)	贵州省雷山县、贵阳市、剑河县
水族马尾绣	贵州省三都水族自治县
传统技艺	
苗族蜡染技艺	贵州省丹寨县
苗寨吊脚楼营造技艺	贵州省雷山县
苗族芦笙制作技艺	贵州省雷山县
玉屏箫笛制作技艺	贵州省玉屏侗族自治县
苗族银饰锻制技艺	贵州省雷山县
茅台酒酿制技艺	贵州省
皮纸制作技艺	贵州省贵阳市、贞丰县、丹寨县

民俗

苗族鼓藏节	贵州省雷山县
水族端节	贵州省三都水族自治县
布依族查白歌节	贵州省兴义市
苗族姊妹节	贵州省台江县
侗族萨玛节	贵州省榕江县
仡佬族毛龙节	贵州省石阡县
水书习俗	贵州省黔南苗族布依族自治州

第二批

项目名称	申报地区或单位
民间文学	
仰阿莎	贵州省黔东南苗族侗族自治州
布依族盘歌	贵州省盘县
珠郎娘美	贵州省榕江县、从江县
苗族贾理	贵州省黔东南苗族侗族自治州
传统音乐	
苗族民歌(苗族飞歌)	贵州省雷山县
布依族民歌(好花红调)	贵州省惠水县
芦笙音乐(苗族芒筒芦笙)	贵州省丹寨县
布依族勒尤	贵州省贞丰县、兴义市、镇宁布依族苗族自治县
传统舞蹈	
毛南族打猴鼓舞	贵州省平塘县
瑶族猴鼓舞	贵州省荔波县
彝族铃铛舞	贵州省赫章县
传统戏剧	
黔剧	贵州省黔剧团
传统技艺	
陶器烧制技艺(牙舟陶器烧制技艺)	贵州省平塘县
苗族织锦技艺	贵州省麻江县、雷山县
枫香印染技艺	贵州省惠水县、麻江县
彝族漆器髹饰技艺	贵州省大方县
传统医药	
传统中医药文化(同济堂传统中药文化)	贵州省同济堂制药有限公司
瑶族医药(药浴疗法)	贵州省从江县
苗医药(骨伤蛇伤疗法、九节茶药制作工艺)	贵州省雷山县、黔东南苗族侗族自治州
侗医药(过路黄药制作工艺)	贵州省黔东南苗族侗族自治州
民俗	
苗族独木龙舟节	贵州省台江县
苗族跳花节	贵州省安顺市
苗年	贵州省丹寨县、雷山县

扩展项目

传统音乐
多声部民歌(苗族多声部民歌) 贵州省台江县、剑河县
侗族大歌 贵州省从江县、榕江县

传统舞蹈(2项2处)
狮舞(布依族高台狮灯舞) 贵州省兴义市
铜鼓舞(雷山苗族铜鼓舞) 贵州省雷山县
苗族芦笙舞 贵州省雷山县、关岭布依族苗族自治县、榕江县、水城县

传统戏剧
花灯戏 贵州省独山县
傩戏(仡佬族傩戏) 贵州省道真仡佬族苗族自治县

传统美术
剪纸(苗族剪纸) 贵州省剑河县
苗绣 贵州省凯里市
泥塑(苗族泥哨) 贵州省黄平县

传统技艺
侗族木构建筑营造技艺 贵州省黎平县、从江县
蜡染技艺 贵州省安顺市
银饰制作技艺(苗族银饰制作技艺) 贵州省黄平县

传统医药
中医传统制剂方法(廖氏化风丹制作技艺) 贵州省遵义市红花岗区、汇川区

民俗
苗族服饰 贵州省桐梓县、安顺市西秀区、关岭布依族苗族自治县、纳雍县、剑河县、台江县、榕江县、六盘水市六枝特区、丹寨县
侗族萨玛节 贵州省黎平县

第三批

项目名称　　　　　　　　　　　　申报地区或单位

民间文学
亚鲁王 贵州省紫云县

传统美术
侗族刺绣 贵州省锦屏县

传统体育、游艺与杂技
赛龙舟 贵州省铜仁市、镇远县

民俗
布依族"三月三" 贵州省贞丰县、望谟县
侗年 贵州省榕江县
歌会(四十八寨歌节) 贵州省天柱县
月也 贵州省黎平县
苗族栽岩习俗 贵州省榕江县

扩展项目

传统音乐
侗族琵琶歌	贵州省从江县
苗族民歌(苗族飞歌)	贵州省剑河县
彝族民歌(彝族山歌)	贵州省盘县

传统戏剧
花灯剧	贵州省花灯剧团
傩戏(荔波布依族傩戏)	贵州省荔波县

传统美术
苗绣	贵州省台江县

传统技艺
蜡染技艺(黄平蜡染技艺)	贵州省黄平县
银饰锻制技艺(苗族银饰锻制技艺)	贵州省剑河县、台江县
苗族织锦技艺	贵州省台江县、凯里市
民族乐器制作技艺(苗族芦笙制作技艺)	贵州省凯里市

民俗
火把节(彝族火把节)	贵州省赫章县
农历二四节气(石阡说春)	贵州省石阡县

第四批

项目名称	申报地区或单位

传统音乐
土家族民歌	贵州省沿河土家族自治县

传统舞蹈
布依族转场舞	贵州省册亨县
阿妹戚托	贵州省晴隆县

传统医药
布依族医药(益肝草制作技艺)	贵州省贵定县

民俗
仡佬族三幺台习俗	贵州省道真仡佬族苗族自治县
布依族服饰	贵州省
侗族服饰	贵州省黔东南苗族侗族自治州

扩展项目

传统舞蹈
苗族芦笙舞	贵州省普安县

传统戏剧
傩戏(庆坛)	贵州省金沙县

传统美术
剪纸(水族剪纸)	贵州省黔南布依族苗族自治州

传统技艺
都匀毛尖茶制作技艺	贵州省都匀市

民俗
三月三(报京三月三)	贵州省镇远县
苗族鼓藏节	贵州省榕江县
民间信俗(屯堡抬亭子)	贵州省安顺市西秀区
规约习俗(侗族款约)	贵州省黎平县

附录八　贵州省省级非物质文化遗产名录

第一批

项目名称	申报地区或单位
民间文学	
苗族"刻道"	施秉县
苗族"古歌古词"神话	黄平县
苗族古歌与古歌文化	台江县
中国水书——水族信仰记忆纲文化	黔南州
传统音乐	
侗族琵琶歌	榕江县
侗族大歌	黎平县
洪州琵琶歌	黎平县
布依铜鼓十二则	贞丰县
盘江小调	关岭县
铜鼓十二调	镇宁县
双倍嘎	从江县
传统舞蹈	
苗族格哈	丹寨县
锦鸡舞	丹寨县
畲族粑槽舞	麻江县
反排木鼓舞	台江县
鼓龙鼓舞长衫龙	贵定县
布依族"雯当姆"	荔波县
瑶族打猎舞	荔波县
松桃瓦窑四面花鼓	松桃县
莲花十八响	沿河县
苗族板凳舞	安龙县
彝族撮泰吉	威宁县
苗族芦笙技巧舞"滚山珠"	纳雍县
苗族大迁徙舞	赫章县
彝族铃铛舞	赫章县
采月亮	仁怀县
传统戏剧	
侗戏	黎平县
思州傩戏傩技	岑巩县

福泉阳戏	福泉市
思南花灯	思南县
德江傩堂戏	德江县
石阡木偶戏	石阡县
布依戏	册亨县
安顺地戏	安顺市

曲艺

布依族"八音座唱"	兴义市

传统体育、游艺与杂技

勾林	天柱县
侗族月牙铛	天柱县
侗族摔跤	黎平县
隆里花脸龙	锦屏县

传统技艺

苗族蜡染	丹寨县
石桥古法造纸	丹寨县
剑河锡绣制作工艺	剑河县
苗族服饰文化	雷山县
苗族银饰工艺	雷山县
苗族芦笙文化	雷山县
思州石砚制作工艺	岑巩县
布依族土布制作、扎染工艺	罗甸县
水族马尾绣	三都县
牙舟陶器制作技艺	平塘县
玉屏箫笛制作工艺	玉屏县
小屯白棉造纸工艺	贞丰县
乌当手工土纸制作工艺	贵阳市乌当区
花溪苗族挑花制作工艺	贵阳市花溪区
彝族赶毡制作工艺	威宁县
马场乡苗族大筒箫的制作与演奏	盘县
茅台酒传统酿造工艺	贵州茅台酒股份有限公司
千户苗寨建筑工艺	雷山县
德江土家舞龙	德江县

民俗

六枝梭嘎箐苗文化空间	六枝特区
占里侗族生育习俗	从江县
平秋北侗婚恋习俗	锦屏县
水族婚俗	都匀市
茅坪花苗婚俗	湄潭县
四十八寨歌节	天柱县
社节	天柱县
报京三月三	镇远县
苗族姊妹节	台江县

思南上元沙洲节	思南县
仡佬族敬雀节	石阡县
安顺屯堡文化	安顺市
苗族茅人节	榕江县
稿午苗族水鼓节	剑河县
苗族牯藏节	雷山县
注溪娃娃场	岑巩县
清水江杀鱼节	福泉市
水族端节	三都县
水族卯节	三都县
查白歌节	兴义市
赶毛杉树	安龙县
大狗场吃新节	平坝县
水城南开三口塘苗族跳花节	水城县
侗族萨玛节	榕江县
哥蒙的"哈冲"	黄平县
独山愿灯	独山县
布依族扫寨	都匀市
仡佬族毛龙节	石阡县
盘县地坪乡彝族毕摩祭祀文化	盘县
月也	黎平县
苗族弄嘎讲略	黄平县
古思州"屯锣"	岑巩县
锣	万山特区

第二批

项目名称	申报地区或单位
民间文学	
苗族神话叙事歌《仰阿莎》	剑河县
苗族《古歌》	施秉县、普定县、龙里县
苗族口头经典"贾"	丹寨县
侗族民间文学《珠郎娘美》	榕江县、从江县
布依族摩经	贞丰县、关岭县
苗族历法	丹寨县
苗族民间文学《阿蓉》	榕江县
布依族口传史诗"布依族盘歌"	六盘水市
传统音乐	
苗族多声部情歌	台江县、剑河县
苗族飞歌	雷山县
苗族芒筒芦笙祭祀乐	丹寨县
侗族大歌	从江县小黄乡、榕江县
布依族民歌《好花红》	惠水县
布依族勒尤	贞丰县、兴义市、镇宁县

侗族河边腔	黎平县
河边腔苗歌	锦屏县
十二诗腔苗歌	锦屏县
侗族歌筶	锦屏县平秋镇
土家族打镏子	沿河县
龙灯钹	铜仁市
布依族婚俗音乐	贞丰县
薅秧歌	金沙县、红花岗区
船工号子	思南县、赤水市
苗族阿江	普定县
凤冈吹打乐	凤冈县
黔北打闹歌	余庆县
布依山歌十八调	贵定县
绕家呃嘣	都匀市
高腔大山歌	桐梓县
仡佬族哭嫁歌	道真县
苗族"游方歌"	施秉县
屯堡山歌	安顺市

传统舞蹈

苗族铜鼓舞	雷山县
苗族芦笙舞	雷山县、关岭县、凯里市、榕江县、水城县、乌当区
苗族长鼓舞	贵定县
苗族猴鼓舞	花溪区
毛南族打猴鼓舞	平塘县
瑶族猴鼓舞	荔波县
苗族板凳舞	凯里市
苗族踩鼓舞	镇远县
土家族摆手舞	沿河县
金钱杆	江口县
阿妹戚托	晴隆县、兴仁县
苗族烧灵舞	兴仁县
彝族酒礼舞	威宁县
彝族铃铛舞"恳合呗"	钟山区
苗族花鼓舞	乌当区
卡堡花棍舞	乌当区
矮人舞	余庆县
响蒿舞	独山县
苗族夜乐舞	罗甸县
素朴金钱棍	黔西县
四桐鼓舞	威宁县
仡佬族踩堂舞	遵义县

传统戏剧

阳戏	天柱县

文琴戏	黔西县、铜仁市、遵义市、乌当区
花灯戏	普定县、独山县、黔西县、福泉市、花溪区、遵义市、余庆县、石阡县、印江县
仡佬族傩戏	道真县
黔剧	贵州省黔剧团
思州喜傩神	岑巩县
镇远土家族傩戏	镇远县
蓬莱布依地戏	白云区
马路屯堡地戏	长顺县

曲艺

嘎百福	剑河县、台江县、榕江县、雷山县
君琵琶	黎平县
安顺唱书	安顺市
水族双歌	三都县

传统体育、游艺与杂技

麻山绝技	望谟县
布依族高台狮灯	兴义市
仡佬族高台舞狮	务川县、道真县
寨英滚龙	松桃县
瑶族民间陀螺竞技	荔波县
仡佬族打蔑鸡蛋	平坝县、道真县
苗族射弩	织金县、普定县
古典戏法	贵州省杂剧团

传统美术

苗族剪纸	剑河县
苗族百鸟衣艺术	丹寨县
梭嘎箐苗彩染服饰艺术	六盘水市
石氏面塑	兴仁县
通草堆画	遵义市
苗族"嘎闹"支系服饰艺术	丹寨县

传统技艺

苗族织锦	麻江县、雷山县
苗族泥哨	黄平县
苗族银饰	黄平县
侗族鼓楼花桥建造技艺	黎平县
造林习俗	锦屏县
侗族鼓楼营造技艺	从江县
苗族马尾斗笠制作技艺	凯里市
苗族堆花绣	凯里市
大方漆器制作技艺	大方县
屯堡石头建筑技艺	平坝县、西秀区
枫香染制作技艺	惠水县、麻江县
蓝靛靛染工艺	册亨县、贞丰县、黎平县

水族石雕	榕江县
土法造纸工艺	三穗县、盘县、惠水县、长顺县
傩面具制作工艺	德江县
竹编工艺	三穗县
木雕工艺	镇远县
印染工艺	印江县
故央——传统手工水磨制香技艺	安龙县
窑上古法制陶	贞丰县
砂陶制作工艺	织金县
安顺蜡染	安顺市
高坡苗族银饰制作技艺	花溪区
布依族纸染绣花制作技艺	花溪区
罗吏目布依族龙制作技艺	乌当区
绥阳旺草竹编技艺	绥阳县
长安布依族土布扎染制作技艺	惠水县
布依族土布制作技艺	关岭县
民间火纸制作技艺	岑巩县
烟火	金沙县
董酒酿制技艺	遵义市
洞藏青酒酿造工艺	镇远县

传统医药

瑶族医药	从江县
廖氏化风丹制作技艺	红花岗区、汇川区
苗族医药	雷山县、黔东南州民族医药研究所
侗族医药	黔东南州民族医药研究所
布依族防治肝病益肝草秘方	贵定县
水族医药	三都县
同济堂医药文化	贵州同济堂制药有限公司

民俗

苗族"四月八"	贵阳市
苗族独木龙舟节	台江县、施秉县
苗族祭尤节	丹寨县
河灯节	习水县
赶苗场	习水县
谷陇九月芦笙会	黄平县
布依族丧葬礼俗	贞丰县
仡佬族婚俗	务川县
杜寨布依族丧葬砍牛习俗	贵阳市
新化舞狮	锦屏县
仡佬族吃新节	金沙县、平坝县
土家族过赶年	印江县
下洞祭凤神	印江县
余庆龙灯	余庆县

镇远元宵龙灯会	镇远县
瑶族服饰	麻江县
桐梓苗族服饰	桐梓县
安顺苗族服饰	西秀区、关岭县
布依族服饰	贞丰县、册亨县
箐苗服饰	纳雍县
黔东南苗族服饰	剑河县、台江县、三穗县
屯堡服饰	平坝县
榕江侗族服饰	榕江县
贵阳苗族服饰	花溪区、乌当区
摆贝苗族服饰	榕江县
四十八寨侗族服饰	黎平县
黄平 僚家服饰	黄平县
偏坡布依族服饰	贵阳市
水族服饰	三都县
土家族婚庆夜筵	岑巩县
屯堡"抬亭子"	西秀区
仡佬族宝王祭拜	务川县
青山界四十八寨歌会	锦屏县
土家族"八月八"唢呐节	镇远县
仡佬族丧葬习俗	石阡县
水族婚礼	三都县
平秋重阳鞍瓦	锦屏县
起房造屋习俗	遵义市
苗族招龙	雷山县
仫佬年	麻江县
彝族婚嫁习俗	盘县
瑶族隔冬	麻江县
苗族三月坡	雷山县
苗族扫寨	雷山县
苗族吃鼓藏	从江县
侗族民俗"悄悄年"	石阡县
凤冈茶饮习俗	凤冈县
玉屏赶坳	玉屏县
赶社	岑巩县
彝族年	赫章县
高坡苗族射背牌	花溪区
苗族跳场	花溪区
化屋苗族文化空间	黔西县
小广侗族娶亲节	剑河县
龙鳌祭祀	岑巩县
新场苗族祭天神	都匀市
"6.24"民族传统节——二郎歌会	福泉市

布依族"六月六"	关岭县、贞丰县
"划筷奠祖"苗俗	纳雍县
侗族款约	黎平县
仡佬族三幺台习俗	道真县、务川县
瑶白摆古	锦屏县
彝族咪古	毕节地区文化局
仡佬族吃新祭祖习俗	遵义县
天柱宗祠文化习俗	天柱县
苗族采花节	盘县
大屯三官寨彝族祭祀	毕节市
说春	石阡县
水族祭祖	三都县
甘囊香苗族芦笙节	凯里市
畲族凤凰装	麻江县
苗族苗年	丹寨县、雷山县
苗族吃新节	雷山县
苗族跳花节	安顺市
从江侗族老人节	从江县
侗族祭萨	黎平县
都柳江苗族鼓藏节	榕江县
侗年	锦屏县
岜沙苗族成人礼	从江县
侗族北部方言歌会	天柱县
苗族翻鼓节	丹寨县
竹王崇拜	镇宁县

第三批

项目名称	申报地区或单位
民间文学	
《苗族史诗—亚鲁王》英雄史诗	紫云苗族布依族自治县
布依竹筒歌	关岭布依族苗族自治县
彝族古歌	盘县
苗族十二路酒歌	施秉县
苗族民间故事	水城县
布依族民间故事	望谟县
金汉列美	黎平县、从江县
丁郎龙女	榕江县
布依族叙事诗	望谟县
传统音乐	
土家族高腔山歌	印江土家族苗族自治县、沿河土家族自治县
仡佬族情歌	石阡县
苗族三眼箫音乐艺术	织金县、六盘水市六枝特区
彝族《莫蒿亩》	赫章县、六盘水市钟山区

布依族吹打乐	关岭布依族苗族自治县、惠水县、水城县、兴仁县
姊妹箫	关岭布依族苗族自治县、长顺县、六盘水市六枝特区
侗族哆耶——踩歌堂	黎平县
侗族芦笙谱	榕江县
侗族牛腿琴歌	从江县
苗笛	从江县
苗族酒礼歌	雷山县
彝族山歌	盘县
布依族小打音乐	普安县
布依勒浪	册亨县、贞丰县
布依族"谷温"	贞丰县
布依族十二部古歌	望谟县
哥蒙芦笙乐	黄平县
苗族直箫乐	盘县

传统舞蹈

瑶族长鼓舞	从江县
苗族芦笙蹉步舞	毕节市
苗族斗脚舞	习水县
苗族斗角舞	修文县
彝族嗨马舞	普安县
苗族芦笙棒舞	普安县
围鼓舞	兴义市
布依族转场舞	册亨县
水族铜鼓舞	三都水族自治县
水族弦鼓舞	三都水族自治县
苗族斗鸡舞	黔西县
羊皮鼓舞	盘县
苗族夫妻舞	平坝县

传统戏剧

丝弦灯	凤冈县
仡佬族滚龙戏	正安县
端公戏	金沙县

曲艺

布依族说唱"削肖贯"	望谟县
围鼓	正安县

传统体育、游艺与杂技

傩技—上刀山	松桃苗族自治县
赛龙舟	铜仁市、镇远县
赤水独竹漂	赤水市
长坝狮灯	金沙县
布依族铁链械	贵阳市花溪区
抵杠	平坝县

攀崖技艺	紫云苗族布依族自治县
苗族武术	麻江县
游氏武术	赤水市
布依族棍术	贞丰县
布依族器乐演奏绝技	平塘县
民间棋艺	正安县、望谟县
岩鹰高跷	黄平县

传统美术

水族剪纸	都匀市
布依族刺绣	兴义市、望谟县
侗族刺绣	锦屏县
布依族织锦	关岭布依族苗族自治县

传统技艺

黄平蜡染	黄平县
水族九阡酒酿酒技艺	三都水族自治县、荔波县
都匀毛尖茶制作技艺	都匀市
云雾贡茶手工制作技艺	贵定县
油茶制作技艺	正安县、玉屏侗族自治县
西山虫茶制作技艺	息烽县
苗族酸汤鱼制作技艺	麻江县、凯里市
独山盐酸菜制作技艺	独山县
豆制品制作技艺	大方县、习水县
布依族糯食制作技艺	望谟县、贵定县
荞酥传统制作技艺	威宁彝族回族苗族自治县
青岩玫瑰糖制作技艺	贵阳市花溪区
晒醋制作技艺	赤水市
龙溪石砚制作技艺	普安县
鸟笼制作技艺	丹寨县、贞丰县、黔西县
焰火架制作技艺	印江土家族苗族自治县
粮仓建造技艺	望谟县
安顺木雕	安顺市西秀区

传统医药

火龙丹	金沙县
罗氏癀疱疗法	关岭布依族苗族自治县

民俗

布依族服饰	安顺市西秀区、水城县、兴义市
苗族二月二	兴仁县、贞丰县、松桃苗族自治县、黔东南州
布依族三月三	册亨县、贞丰县、望谟县、安龙县、贵阳市乌当区、惠水县、开阳县
苗族婚俗	丹寨县、习水县
侗族婚俗	黎平县、榕江县
瑶族婚俗	麻江县
苗族斗牛习俗	施秉县、凯里市、开阳县

苗族栽岩习俗	榕江县
苗族卧堆习俗	榕江县
苗族命名习俗	平坝县
侗族鼓楼习俗	从江县
布依族"报笨"习俗	兴义市
布依族铜鼓习俗	兴仁县
彝族毕摩习俗	赫章县
彝族丧葬习俗	金沙县
记间习俗	黎平县、榕江县
稻鱼并作习俗	天柱县
造林习俗	天柱县
苗族祭桥节	三穗县、台江县、黄平县
彝族火把节	大方县、赫章县
求雨祭典	黎平县
侗族芦笙会	黎平县
水族敬霞节	三都县
清镇瓜灯节	清镇市
玩水龙	施秉县
布依族坐夜筵	开阳县

扩展项目

民间文学	
苗族刻道	黄平县
珠郎娘美	黎平县
苗族古歌	凯里市、兴仁县
布依族摩经	兴仁县
传统音乐	
布依族铜鼓乐	关岭布依族苗族自治县
侗族琵琶歌	从江县
苗族民歌(苗族飞歌)	剑河县、纳雍县
传统舞蹈	
苗族芦笙舞	罗甸县
木鼓舞	榕江县
传统戏剧	
花灯戏	贵州省花灯剧团、开阳县、镇远县、金沙县
傩戏(印江土家族傩戏)	印江土家族苗族自治县
荔波布依族傩戏	荔波县
织金穿青人傩戏	织金县
江口傩戏	江口县
阳戏	沿河土家族自治县、息烽县、黔西县、罗甸县、开阳县
地戏	开阳县
侗戏	榕江县、从江县

黔剧	安龙县
曲艺	
布依八音	平塘县
传统美术	
苗族剪纸	台江县
苗绣	黄平县、台江县、紫云苗族布依族自治县、水城县
苗族织锦	凯里市、台江县
传统技艺	
皮纸制作技艺	务川仡佬族苗族自治县、印江土家族苗族自治县、安龙县
竹编技艺	铜仁地区万山特区
苗族芦笙制作技艺	贵阳市花溪区、丹寨县、凯里市
苗族蜡染	紫云苗族布依族自治县
苗族银饰制作技艺	剑河县、关岭布依族苗族自治县、台江县
砂陶制作技艺	盘县
布依族土布制作技艺	望谟县
民俗	
侗年	榕江县
苗族跳花节	赫章县、大方县、金沙县
鼓藏节	台江县
社节	黎平县
侗族萨玛节	从江县
仡佬族"吃新节"	六盘水市六枝特区
苗族杀鱼节	开阳县
苗族四月八	息烽县
侬族六月六	开阳县
竹王崇拜	紫云苗族布依族自治县
苗族服饰	习水县、开阳县、修文县、纳雍县、金沙县、黄平县、从江县、凯里市、水城县、兴仁县
屯堡服饰	平坝县、安顺市西秀区
侗族北部方言歌会	三穗县、锦屏县

第四批

项目名称	申报地区或单位
民间文学	
簪汪古歌	清镇市、修文县
播州杨应龙传说	汇川区
布依族浪哨歌	册亨县
苗族"巴狄熊"口传经典	松桃苗族自治县
传统音乐	
布依族土歌	南明区
花山布依古歌	紫云苗族布依族自治县

水族"夺咚"	都匀市
布依族莫歌	独山县
侗族笛子歌	黎平县
注溪山歌	天柱县
启蒙侗歌	锦屏县
瓦寨锣鼓	江口县
薅草锣鼓	石阡县
普宜乐都莫轰	七星关区
苗族山歌	望谟县

传统舞蹈

布依族铜鼓舞	关岭布依族苗族自治县
苗族雷公舞	贵定县
苗族搓梗仔采阿诗舞	瓮安县
苗族古瓢舞	雷山县
苗族水鼓舞	剑河县
踩亲舞	黄平县
布依竹鼓舞	册亨县
布依族展稍	望谟县
布依族板凳龙舞	兴义市

传统戏剧

马马灯	正安县
茶灯	松桃苗族自治县
布依族"丫面"	册亨县
苗族武教戏	普安县
灯夹戏	瓮安县

传统体育、游艺与杂技

土家族高台狮灯	沿河土家族自治县
布依族武术	安龙县
温水小手拳	习水县

传统技艺

雷家豆腐圆子制作技艺	云岩区
民间纸扎技艺	正安县
墨石雕刻技艺	正安县
湄潭翠芽茶制作技艺	湄潭县
"遵义红"茶制作技艺	湄潭县
湄潭手筑黑茶制作技艺	湄潭县
空心面制作技艺	绥阳县
水族银饰制作技艺	都匀市
水族豆浆染制作技艺	三都水族自治县
苗族谷蔺布制作技艺	惠水县
苗族古瓢琴制作技艺	雷山县
天柱宗祠浮雕彩绘技艺	天柱县
道菜制作工艺	镇远县

煨酒酿造技艺	从江县
石阡苔茶制作技艺	石阡县
土家熬熬茶制作技艺	德江县
花烛制作技艺	思南县
金沙酱香型白酒酿造技艺	金沙县
清池贡茶制作技艺	金沙县
彝族彩布贴花	水城县
古方红糖制作工艺	兴义市

传统医药

遵义王氏中医推拿	遵义市
胡三帖	贵定县
半枫荷熏浴疗法	凯里市
黔西王氏食疗医药	黔西县

民俗

龙泉推推灯	凤冈县
铁水冲龙	普定县
苗族跳洞—数岜	龙里县
草塘火龙	瓮安县
水族历法	三都水族自治县
苗族舞龙嘘花习俗	台江县
圣德山歌节	三穗县
巴冶土王戊	三穗县
壮年	从江县
瑶族度戒	从江县
瑶族嫁郎	从江县
羌历年	江口县
布依族婚俗	册亨县、贞丰县
庆坛	晴隆县
布依族二月二铜鼓节	兴仁县
布依族火箭节	兴仁县
彝族服饰	赫章县
苗族祭鼓节	清镇市

扩展项目

民间文学

布依族摩经	册亨县、望谟县

传统音乐

高腔大山歌	正安县
侗族牛腿琴歌	黎平县
苗族民歌(苗族飞歌)	台江县
苗族多声部情歌	黄平县
布依族铜鼓乐	六枝特区
布依族勒尤	册亨县

布依族小打音乐	晴隆县
传统舞蹈	
苗族板凳舞	黄平县
金钱棍	岑巩县
传统戏剧	
花灯戏	息烽县、沿河土家族自治县
阳戏	正安县
傩戏	湄潭县、石阡县、纳雍县
地戏	关岭布依族苗族自治县
曲艺	
君琵琶	榕江县
布依八音	册亨县
传统体育、游艺与杂技	
苗族武术	剑河县、松桃苗族自治县
赛龙舟	沿河土家族自治县
布依族高台狮灯	贞丰县、册亨县
传统美术	
苗族剪纸	施秉县
侗族刺绣	镇远县
苗绣	丹寨县、松桃苗族自治县
布依族刺绣	册亨县
传统技艺	
竹编工艺	赤水市
苗族蜡染	平坝县、纳雍县、织金县
水族石雕	荔波县
苗族银饰锻制技艺	丹寨县
豆制品制作技艺	江口县
印染工艺	石阡县
砂陶制作工艺	印江土家族苗族自治县
布依族土布制作技艺	册亨县
蓝靛靛染工艺	望谟县
布依族糯食制作技艺	贞丰县
传统医药	
苗医药骨髓骨伤药膏	麻江县
民俗	
苗族跳场	乌当区
苗族服饰	清镇市、息烽县、龙里县、贞丰县、晴隆县、普安县
苗族跳花节	绥阳县、兴仁县
水书习俗	榕江县
苗族招龙	榕江县、剑河县
月也	榕江县、从江县
苗族姊妹节	剑河县

附　录

彝族婚嫁习俗	赫章县
苗族芦笙节	从江县
苗族翻鼓节	凯里市
仡佬族吃新节	务川仡佬族苗族自治县
苗族婚俗	贞丰县

后　　记

　　遵义市丰富的非物质文化遗产就像遗落在山间田野的颗颗珍珠,将这些珍贵的遗产呈献给世人,是非物质文化遗产工作者的一份责任。以图文的形式向人们系统、全面地展示遵义市非物质文化遗产,让人们领略遵义市传统历史文化的同时,为遵义市非物质文化遗产的保护、传承、发展和利用提供了较为全面的基础性文献。为了更真实和近距离地了解遵义市非物质文化遗产的生存和发展现状,自2012年8月起,我们调查组走遍了遵义市的2区、2市、8县,以及2个民族自治县,完成了区域内几乎全部非物质文化遗产项目的田野调查。调查过程中,在各地非物质文化遗产工作者的协助下,我们走访了非物质文化遗产项目传承人,深刻感受到非物质文化遗产的魅力所在。通过此次调查,希望广大读者积极关注遵义市非物质文化遗产的保护和传承,为遵义市非物质文化遗产的保护建言献策。

　　参加本次调查及编导工作的还有武汉大学资源与环境学院屈赛博士、贵州民族大学靳峡老师、贵州大学旅游与文化产业学院谢爽老师、贵州铜仁学院刘姗教授等。本次的田野调查还得到了贵州省非物质文化遗产保护中心及遵义市各县市区文广局的大力协助,在此致以诚挚的谢意。同时,由于各种客观原因,调查未能全面覆盖遵义市所有的非物质文化遗产,资料的编撰还不够精细,难免存在纰漏和差错,非物质文化遗产的调查研究任重道远,我们的工作仍将继续。